COMPRENDRE

L'AVENTURE DE L'AVIATION

Texte original de Ian Graham
Adaptation française de Michel Bénichou

GRÜND

GARANTIE DE L'ÉDITEUR
Pour vous parvenir à son plus juste prix, cet ouvrage a fait l'objet d'un gros tirage.
Malgré tous les soins apportés à sa fabrication, il est malheureusement possible qu'il
comporte un défaut d'impression ou de façonnage. Dans ce cas, ce livre vous sera
échangé sans frais.
Veuillez à cet effet le rapporter au libraire qui vous l'a vendu ou nous écrire à l'adresse ci-
dessous en nous précisant la nature du défaut constaté. Dans l'un ou l'autre cas, il sera
immédiatement fait droit à votre réclamation.
Librairie Gründ - 60, rue Mazarine - 75006 Paris

Adaptation française de **Michel Bénichou**
Texte original de **Ian Graham**
Secrétariat d'édition : **Véronique Perot**

Première édition française 1993 par Librairie Gründ, Paris
© 1993 Librairie Gründ pour l'adaptation française
ISBN : 2-7000-5041-X
Dépôt légal : août 1993
Édition originale 1993 par Hamlyn Children's Books,
part of Reed International Books Limited
sous le titre original *Flight*
© 1993 Reed International Books Ltd
Photocomposition : Compo 2000, Saint-Lô
Imprimé en Italie

Loi n° 49-956 du 16 juillet 1949 sur les publications destinées à la jeunesse

SOMMAIRE

VOLER COMME UN OISEAU

L'espèce humaine n'est pas faite pour voler. La forme de notre corps, son poids, sa taille, sont adaptés à la course, à la nage, à l'escalade, mais pas au vol. Pourtant, le monde qui nous entoure grouille de créatures volantes. C'est peut-être pour cela que beaucoup d'hommes ont toujours rêvé de s'envoler comme les oiseaux.

Les hommes essayèrent de voler à l'aide d'ailes battantes artificielles actionnées par la force musculaire mais ils échouèrent à chaque fois. Le seul moyen de voler fut de construire des machines volantes contrôlées mais pas propulsées par un homme — le pilote. Sur ces machines, moteurs et hélices ont remplacé les muscles, tandis que la toile puis le métal supplantaient les plumes.

Après un siècle de lents progrès, l'aviation permet aujourd'hui d'atteindre n'importe quel point du monde en quelques heures. Plus spectaculaires encore, des fusées ont déjà emporté des hommes sur la Lune et se sont enfoncées dans l'espace, au-delà de notre système solaire.

Grâce aux progrès de la technologie, les ingénieurs ont pu construire des avions militaires et civils plus grands, plus rapides et plus efficaces. Ces progrès ont aussi favorisé le développement d'aéronefs plus simples pour les loisirs ou pour le sport, comme les ultra-légers motorisés ou les planeurs. C'est ainsi que l'un des plus vieux rêves de l'homme est devenu réalité.

Ce livre décrit le vol des oiseaux et les multiples tentatives faites par les hommes pour voler, puis retrace l'aventure de l'aéronautique, des premiers aéronefs aux avions supersoniques.

L'ATMOSPHÈRE

Les animaux, oiseaux ou insectes, et les machines ne peuvent voler que dans l'atmosphère. Cette couche de gaz est retenue autour de la terre par la gravité. Elle est plus dense au niveau de la mer et s'atténue au fur et à mesure que l'on monte. Elle mesure 100 km d'épaisseur.

L'atmosphère

oies
barges

9 500 m

cigognes
vanneaux
grives
cygnes
hirondelles
moineaux

0 m

La plupart des oiseaux volent entre 50 et 1 500 mètres d'altitude pendant leurs longs vols migratoires chaque année. Mais certains peuvent voler bien plus haut. Des vols d'oies sauvages ont été détectés par radar à des altitudes supérieures à 9 000 mètres.

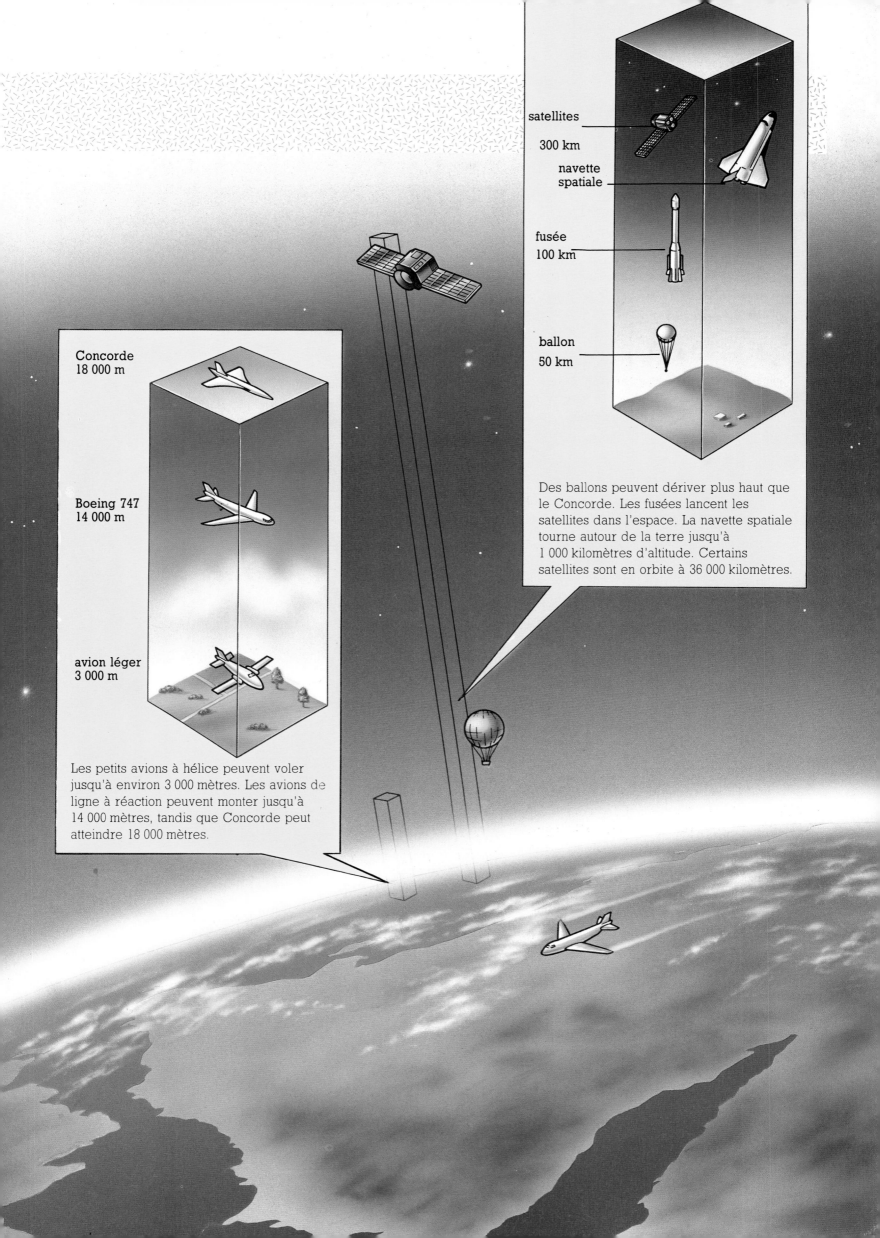

satellites
300 km

navette
spatiale

fusée
100 km

ballon
50 km

Des ballons peuvent dériver plus haut que le Concorde. Les fusées lancent les satellites dans l'espace. La navette spatiale tourne autour de la terre jusqu'à 1 000 kilomètres d'altitude. Certains satellites sont en orbite à 36 000 kilomètres.

Concorde
18 000 m

Boeing 747
14 000 m

avion léger
3 000 m

Les petits avions à hélice peuvent voler jusqu'à environ 3 000 mètres. Les avions de ligne à réaction peuvent monter jusqu'à 14 000 mètres, tandis que Concorde peut atteindre 18 000 mètres.

LES PLANEURS NATURELS

Les graines de très nombreuses plantes se répandent sur de grandes distances parce qu'elles sont portées par l'air ambiant ou par le vent. Lorsque les graines d'une plante tombent et s'enfoncent dans le sol, elles rencontrent d'autres graines qui elles aussi cherchent l'eau, la lumière et les matières nutritives. Beaucoup meurent tandis que d'autres ne donnent que des plantules trop faibles pour survivre. La dispersion des graines sur une grande surface est un moyen d'éviter cette « lutte pour la survie ».

Certaines graines sont expulsées au loin par l'éclatement des capsules qui les contiennent. Le vent emporte facilement les graines qui, comme celles de l'érable ont des ailes opposées presque à l'horizontale ou qui sont munies d'un faisceau de poils en forme de parachute, comme celles du pissenlit. Les graines du coquelicot sont contenues dans une petite capsule striée de rainures minuscules. Quand le vent agite la capsule, les graines s'échappent comme de la poussière. Le vent disperse aussi les spores des champignons.

LES INSECTES AILÉS

Il existe des animaux assez petits ou assez légers pour pouvoir être soulevés par le vent comme des graines. Ce sont, par exemple, les pucerons. Ces petits insectes qui boivent la sève des plantes et infestent les jardins, n'ont pas tous des ailes. C'est le vent qui les porte de feuille en feuille. Certaines araignées tissent de longs fils de soie qui leur permettent de se déplacer dans l'air. Les animaux plus lourds volent de manière différente.

Ci-dessus Les graines du pissenlit dérivent avec le vent, parfois sur des dizaines de kilomètres.

À droite Un très grand nombre de plantes utilisent le vent pour répandre leurs graines. Le géastre est un champignon qui éjecte ses spores vers le haut pour que le vent les emporte. Les graines de l'orme sont entourées de fines membranes poilues, celles du frêne d'une aile membraneuse. Les graines du pissenlit et d'autres plantes sont munies de poils très fins disposés en forme de parachute.

Deux géastres

GRAINES ET SPORES EMPORTÉES
PAR LE VENT

araignée

érable

frêne

orme

graine de clématite

ivraie

chardon

puceron

pissenlit

11

LES INSECTES AILÉS

Il y a 300 millions d'années, les êtres vivants les mieux adaptés à la vie sur terre étaient les insectes. Peu à peu sont apparues des espèces munies d'ailes. Cependant ces premières ailes ne servaient pas à voler, mais seulement à réguler la température du corps comme des radiateurs. Elles refroidissaient le sang qui les parcourait ou, au contraire, le réchauffaient en s'orientant vers le soleil. Ces ailes primitives pouvaient aussi être utilisées pour planer.

Les insectes ont ensuite appris à voler en fléchissant leur corps pour faire battre leurs ailes.

Les premiers insectes volants furent des libellules qui ressemblaient à celles d'aujourd'hui. Pendant cent millions d'années, elles furent les seuls animaux du monde à savoir voler.

Aujourd'hui, les trois quarts des êtres vivants sur la Terre sont des insectes. Parmi ceux qui volent, il y a environ 150 000 espèces de papillons, plus de

Ci-dessous Les papillons sont les insectes volants les plus colorés. Voici un essaim de papillons monarques qui se rassemble sur un arbre au Mexique.

En Amérique du Nord, les papillons monarques migrent de la région des grands lacs vers le Mexique pour y passer l'hiver. Au printemps, ils pondent avant de remonter vers le Nord.

Map labels: Grands lacs · Mexique · Migration à la fin de l'été

100 000 espèces d'abeilles, de guê-
pes et de fourmis, et 80 000 espèces
de mouches et de moustiques.

Parce qu'ils peuvent voler, ces insectes sont capables d'aller très loin cher-
cher des partenaires ou de la
nourriture. Lorsque les premières fleurs
apparurent, il y a cent millions
d'années, les insectes furent attirés par
leurs brillantes couleurs et leurs réser-
ves de nectar sucré. En volant de fleur
en fleur pour se nourrir ou pour pon-
dre, les abeilles, les papillons et autres
insectes transportèrent aussi le pollen.
Le pollen fertilise les plantes et leur permet de produire de nouvelles graines.
Les insectes volants ont permis aux
fleurs de survivre.

À droite Une sauterelle
s'élance. Ces longues
pattes arrière sont bien
adaptées au saut. Toutes
les sauterelles et les
criquets ont des ailes,
mais beaucoup sautent et
planent, plutôt que de
vraiment voler.

Ci-dessous La libellule
est aussi appelée
demoiselle. Elle a deux
paires d'ailes fixées à son
thorax, la partie médiane
de son corps.

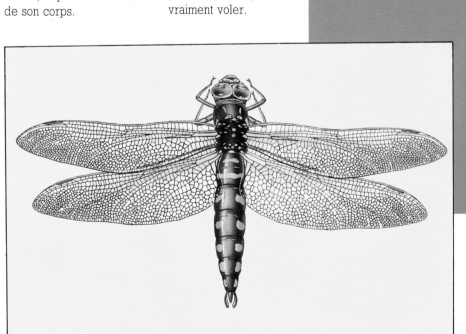

OISEAUX ET CHAUVES-SOURIS

Dans la nature, les oiseaux sont les maîtres du vol. D'autres animaux savent planer ou voler, mais les oiseaux volent plus vite, plus loin et plus longtemps. Plusieurs espèces d'oies et de canards peuvent dépasser 100 kilomètres en vol horizontal. Les martinets peuvent atteindre 170 kilomètres / heure. Dans la nature, le record du monde de vitesse est détenu par le faucon pèlerin qui peut piquer à 350 kilomètres / heure.

L'ÉVOLUTION DU VOL

L'apprentissage du vol fut long. Bien avant que les animaux ne sachent voler, il y en avait déjà qui portaient des plumes. Grâce aux fossiles que nous avons retrouvés, nous savons que le premier animal à plumes était un petit dinosaure. On pense que son plumage ressemblait à une fourrure et qu'il avait été lui aussi inventé par la nature pour retenir la chaleur.

Mais les plumes ne suffisaient pas pour que cet animal appelé archéoptéryx puisse voler. Il est très probable qu'il commençait à battre des ailes et pouvait planer maladroitement. Entre-temps, d'autres animaux à plumes sont apparus avec des muscles plus puissants et un squelette plus léger. En battant des ailes, ils étaient capables de s'envoler tout seuls. C'étaient les premiers oiseaux. Une aile d'oiseau a deux fonctions : elle crée la portance, la force qui soulève l'oiseau et le maintient en vol ; elle produit aussi la force de propulsion qui fait avancer.

LES CHAUVES-SOURIS

Les seuls mammifères volants sont les chiroptères ; parmi eux, les chauves-souris sont les plus connus. Leurs ailes sont formées par une peau tendue entre leurs bras, leurs doigts, leurs pattes arrière et leur queue. Leur ouïe très sensible leur permet de détecter les obstacles et de repérer leurs proies dans la nuit. Ils lancent un cri très aigu mais imperceptible par l'oreille humaine et écoutent si un obstacle en réfléchit l'écho.

À droite Un groupe d'oies polaires en vol. Chaque année ces oies migrent de l'Arctique vers le Japon, la Chine et l'Amérique pour y passer l'hiver, avant de revenir vers le cercle polaire. En beaucoup d'endroits du monde, on peut voir voler des formations d'oies en forme de V. Chacun de ces vols est conduit par un mâle adulte.

Ci-dessus Les chauves-souris vivent partout dans le monde sauf dans les déserts très chauds et les régions polaires. La plupart vivent sous les tropiques.

Ci-dessus Comment vole un oiseau. Lorsqu'il abaisse son aile, c'est surtout le bout de l'aile qui provoque la poussée vers l'avant, parce qu'il va plus vite que le reste. L'oiseau peut ralentir en battant des ailes vers l'avant et en écartant les plumes de sa queue pour faire un aérofrein. Les oiseaux comme ce

canard ont des ailes qui permettent de voler vite ou lentement. Les hirondelles et les martinets ont des ailes courbées vers l'arrière, idéales pour voler très vite et piquer. Les rapaces comme les aigles ou les hiboux ont des ailes larges et puissantes pour piquer, planer et emporter des charges lourdes, leurs proies.

ICARE ET LE SOLEIL

Les hommes rêvent de voler comme les oiseaux depuis des milliers d'années. C'est ce que nous révèlent beaucoup de légendes anciennes dans lesquelles le héros essaye de vaincre la force invisible qui le retient sur le sol. Derrière ces mythes, apparaissait l'idée selon laquelle les hommes devaient rester à leur place et ne pas se croire l'égal des dieux.

L'une des plus célèbres légendes de ce genre, est le mythe de Dédale et d'Icare. Dédale, dit l'histoire, était un savant. Il fut l'architecte de la ville antique d'Athènes, puis partit en Crète avec son fils Icare. Minos, le roi cruel de cette grande île, les enferma tous les deux dans le labyrinthe pour qu'ils y soient dévorés par le minotaure. Dédale eut alors l'idée de fabriquer de grandes ailes avec des plumes et de la cire pour pouvoir s'envoler vers la liberté. Mais Icare n'écouta pas les recommandations prudentes de son père. Il monta si haut que la chaleur du soleil fit fondre ses ailes. Alors il tomba et en mourut.

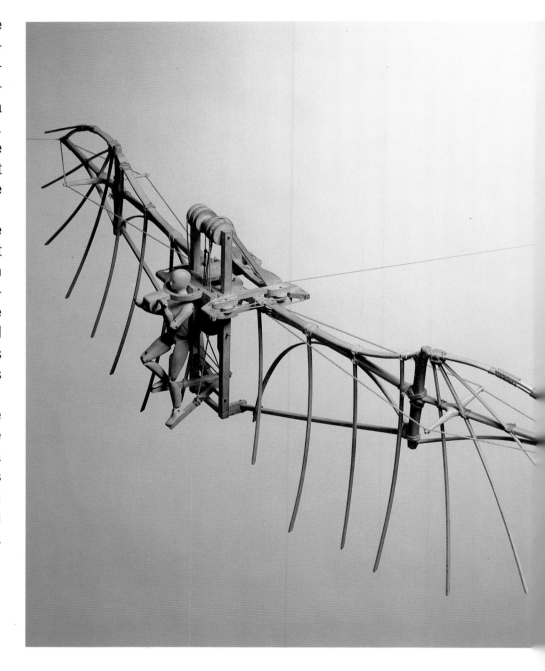

À droite Les multiples inventions de Léonard de Vinci (1452-1519), comprenaient des machines volantes complexes. Il est probable qu'aucune ne fut construite. Comme celle qui a été reconstituée ici, la plupart comportaient des ailes battantes qui ne peuvent convenir à des créatures aussi lourdes que les hommes.

À droite Icare perd ses ailes tandis que son père Dédale continue. On a oublié que Dédale a parfaitement réussi son vol. On se souvient surtout qu'Icare a échoué parce qu'il a désobéi.

ÉCHEC DES AILES BATTANTES

Une autre histoire raconte comment en Angleterre en l'an 1000, un moine nommé Eilmer tenta en vain de s'envoler depuis la tour d'une abbaye. Au XVIe siècle, le grand artiste et inventeur italien Léonard de Vinci dessina les plans d'une douzaine de machines volantes dont les ailes battantes devaient être actionnées par un homme.

Pendant longtemps, jusqu'au XXe siècle, des inventeurs de machines volantes ont tenté d'imiter la nature, c'est-à-dire de fabriquer des ailes d'oiseaux artificielles qu'ils s'attachaient dans le dos et sur les bras. En fait, ces tentatives étaient vouées à l'échec. Les machines de Léonard de Vinci et de ceux qui les ont copiées, ne peuvent pas voler parce que l'homme n'a tout simplement pas assez de puissance musculaire pour faire battre des ailes capables de soulever sa masse. D'autres ont essayé de faire voler des machines dont les ailes battantes étaient actionnées par des moteurs. Ils n'ont pas réussi non plus.

CERFS-VOLANTS, FEUX D'ARTIFICE

Ci-dessus Un archer chinois porté par un cerf-volant. Les anciens Japonais et Chinois auraient essayé des « cerfs-volants montés » pour faire la guerre. Un très gros cerf-volant peut soulever le poids d'un homme. Vers 1880, l'Australien Lawrence Hargrave en fit l'expérience.

À droite En Grande-Bretagne, l'artiste Samuel F. Cody ajouta une voilure à un cerf-volant cellulaire de Hargrave. Ceci augmentait la portance et permit de soulever un homme dans une nacelle. Cody traversa ainsi la Manche en 1900, à la remorque d'un bateau.

Les premiers objets qu'on a su faire voler en contrôlant leur évolution dans le ciel sont les cerfs-volants. Ils existaient en Extrême-Orient il y a trois mille ans, fabriqués avec du papier ou du tissu tendu sur une armature de bambou, et dirigés du sol par un fil.

Quand le cerf-volant est présenté face au vent sous un certain angle, l'air qui circule autour de lui le fait monter. Jusqu'en 1918, les militaires utilisaient le train de cerfs-volants (face au vent sur terre, ou derrière un bateau sur mer), pour dresser un câble à quelques centaines de mètres de hauteur. Sur ce câble, un autre cerf-volant faisait ensuite glisser une nacelle contenant un observateur. En Asie, des cerfs-volants très décorés, parfois en forme d'oiseau ou de dragon, sont utilisés pour chasser les mauvais esprits ou simplement pour jouer. Connus en Europe depuis environ le XVe siècle, ce ne sont aujourd'hui que des jeux.

LES PREMIÈRES FUSÉES

Un autre objet volant, la fusée de feu d'artifice, fut inventé par les Chinois qui l'utilisaient il y a mille ans pour des fêtes ou des cérémonies religieuses.

Elle se compose d'un étui rempli de poudre à canon qui brûle très violemment en dégageant une énorme quantité d'énergie pendant très peu de temps. Si la fusée est orientée pour que la poudre brûle vers le bas, l'énergie de la combustion est suffisante pour la projeter vers le haut par réaction. En ajoutant des produits chimiques à la poudre, on produit des explosions colorées. Les Chinois fabriquèrent aussi des fusées pour faire la guerre, mais elles étaient beaucoup moins efficaces que de vrais canons.

À droite Toujours populaires, les feux d'artifice sont d'éblouissants spectacles très colorés, bruyants, souvent accompagnés de musique. Les éclatements bleu clair sont obtenus en ajoutant du cuivre à la poudre. Le sodium donne du jaune, et des particules de métal des étincelles. Les fusées multicolores sont une invention récente.

LES BALLONS

Au XVe siècle, quelques savants se demandèrent si la fumée pouvait en s'élevant emporter des objets dans l'air. Il fallut encore trois cents ans pour que deux Français, les frères Joseph et Étienne de Montgolfier fissent une première expérience avec un ballon en papier gonflé d'air chaud. En 1783, ils voulurent faire voler un ballon plus gros avec des passagers, mais le roi Louis XVI s'y opposa. Ils firent alors voler le 19 septembre 1783, un mouton, un chien et un coq. Ces animaux devinrent ainsi les premiers êtres vivants à s'élever dans les airs par des moyens artificiels. Après ce succès, deux autres Français, Pilâtre de Rozier et le marquis d'Arlandes, purent réaliser le 21 novembre suivant, le premier vol humain en ballon.

Le 1er décembre 1783, le physicien Charles et son ami Robert effectuèrent la première ascension en ballon à hydrogène. L'idée de fabriquer une machine volante gonflée avec ce gaz plus léger que l'air courait depuis plusieurs années, mais personne n'avait réussi à confectionner un matériau léger assez étanche pour contenir ce gaz. Jacques Alexandre César Char-

À droite L'aérostation (science des ballons) s'est rapidement développée au XVIIIe siècle. Les ascensions de ballons devinrent des attractions très populaires dans les fêtes. Scientifiques et explorateurs commencèrent aussi à employer les aérostats (les ballons). En 1785, le Français Blanchard réussit la première traversée de la Manche, d'ouest en est.

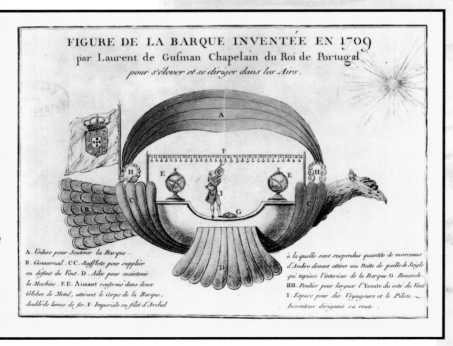

UN PREMIER MODÈLE DE BALLON

Croquis d'un vaisseau volant qui devait être accroché sous un grand ballon. Appelé Passarola (grand oiseau), il ne fut pas construit. Son inventeur, le Père Bartholomeu de Gusmao, en fit voler la maquette devant le roi Jean V du Portugal en 1709. C'est le plus ancien vol connu d'un modèle de ballon.

FIGURE DE LA BARQUE INVENTÉE EN 1709
par Laurent de Gusman Chapelain du Roi de Portugal
pour s'élever et se diriger dans les Airs.

les inventa le ballon à hydrogène grâce à la toile caoutchoutée mise au point par son ami Anne-Jean Robert.

Les ballons furent les principales machines volantes pendant soixante-dix ans. Cependant, les ballons ne peuvent être dirigés et restent à la merci du vent. En 1852, le Français Henri Giffard tenta d'adapter un moteur à vapeur à un ballon. Ce moteur entraînait une hélice pour pousser le ballon. Giffard ajouta un gouvernail. C'est seulement en 1884 que les Français Renard et Krebs mirent au point le premier ballon dirigeable capable de revenir à son point de départ.

Ci-dessus Pilâtre de Rozier et le marquis d'Arlandes s'envolent dans leur montgolfière en 1783. Les frères Montgolfier croyaient que la fumée soulevait leurs ballons. Ils n'avaient pas compris que c'est l'air chaud qui s'élève, parce qu'il est dilaté et moins dense (donc plus léger) que l'air froid ambiant. L'hydrogène est un gaz encore plus léger que l'air chaud.

LES PREMIERS PLANEURS

Les inventeurs de l'aviation moderne fondèrent leurs connaissances sur des essais de planeurs. Ils expérimentèrent ainsi des ailes de formes et de tailles différentes, en observant de quelle manière ces changements affectaient le comportement de leurs planeurs.

Les principes mathématiques du vol furent découverts par le Britannique George Cayley. En 1799, il établit que, sur une surface plane convenablement disposée face au vent, naissent deux forces : la portance et la traînée. En 1804, il construisit le premier modèle de planeur qui parvint à voler et, presque cinquante ans plus tard, le premier planeur capable d'emporter un homme. Cayley fit essayer ce planeur par son cocher, en le lançant sur les pentes d'une vallée du Yorkshire. Plus tard, beaucoup d'aviateurs rendirent hommage à l'importante contribution apportée par Cayley à la conquête de l'air.

PIONNIERS ET PLANEURS

En Allemagne, Otto Lilienthal fit 2 000 vols planés pour mesurer les forces agissant sur une aile artificielle. Il allait essayer un appareil à moteur quand il se tua en planeur, en 1896. Son œuvre inspira les plus grands pionniers.

Percy Pilcher, ingénieur naval britannique, fit voler son premier planeur en 1895. Il étudiait un moteur d'aviation lorsqu'il s'écrasa et mourut comme Lilienthal.

Un Américain né en France, Octave Chanute, fut aussi inspiré par Lilienthal. Son livre *Les Progrès des Machines volantes* influença profondément les frères Wright qui firent voler un biplan à moteur en 1903.

Ci-dessus Les ailes volantes modernes sont comparables aux premiers planeurs de Lilienthal, mais sont construites avec des matériaux et dans des formes très différentes. Elles sont, par exemple, revêtues de plastique et non de coton.

À droite L'ingénieur Otto Lilienthal fut au XIXe siècle, l'un des plus grands précurseurs de l'aviation. Ces planeurs étaient constitués de toile tendue sur une structure de bois. Il se suspendait en dessous et les pilotait en modifiant la position de son corps.

COMMENT VOLE UN PLANEUR

Les ailes volantes sont pilotées comme les planeurs de Lilienthal. Lorsque le pilote attaché dessous prend son élan, la voilure se gonfle en prenant une forme incurvée (on dit : un profil), pour produire de la portance. En déplaçant son poids sur un côté, le pilote fait tourner l'aile dans la même direction.

PLUS LOURDS QUE L'AIR

En regardant un Airbus A300 prendre son élan sur la piste d'un aéroport, il semble impossible que cette masse de plus de 300 tonnes puisse décoller et voler. Pourtant, lorsqu'il a dépassé 200 kilomètres/heure, sa roulette de nez se soulève, sa structure massive quitte majestueusement le sol et s'envole au loin.

Chaque avion, du plus petit au plus grand, vole grâce à la forme spéciale de ses ailes. Celles-ci génèrent une force orientée vers le haut et appelée portance. Au début, la plupart des pionniers croyaient que la pression de l'air les poussait par en dessous vers le haut, et qu'un aéroplane flottait sur l'air comme un bateau sur l'eau. Ils se trompaient. Presque toute la portance naît sur le dessus de l'aile. En réalité, l'aile est aspirée vers le haut.

LE PROFIL AÉRODYNAMIQUE

Tandis que l'avion est propulsé vers l'avant par son moteur, les filets d'air doivent contourner l'aile par-dessus et par-dessous. La section longitudinale de l'aile est appelée profil aérodynamique. Elle est bombée sur le dessus et plate ou creuse en dessous. La partie bombée accélère les filets d'air. Ceci provoque une diminution de la pression de l'air au-dessus de l'aile, tandis qu'au-dessous, l'écoulement de l'air étant freiné, la pression augmente. De cette différence de pression naît la force de portance. Plus des deux tiers de la portance sont dus à la dépression, et moins d'un tiers à la surpression. Si la portance est supérieure ou égale au poids de l'avion, ce dernier peut voler. Toutefois, les performances de l'avion en vol dépendent de nombreux autres facteurs.

Ci-dessous Lorsque l'écoulement des filets d'air autour du profil de l'aile atteint une certaine vitesse, naît une force orientée vers le haut et appelée portance. L'écoulement doit rester collé au profil. Le profil est d'autant plus efficace que l'écoulement est régulier, avec le moins de turbulences possible. En fait, contrairement à ce que montre cette illustration schématique, l'écoulement est toujours plus ou moins perturbé sur la plus grande longueur du profil. Il est très difficile d'atténuer ces turbulences.

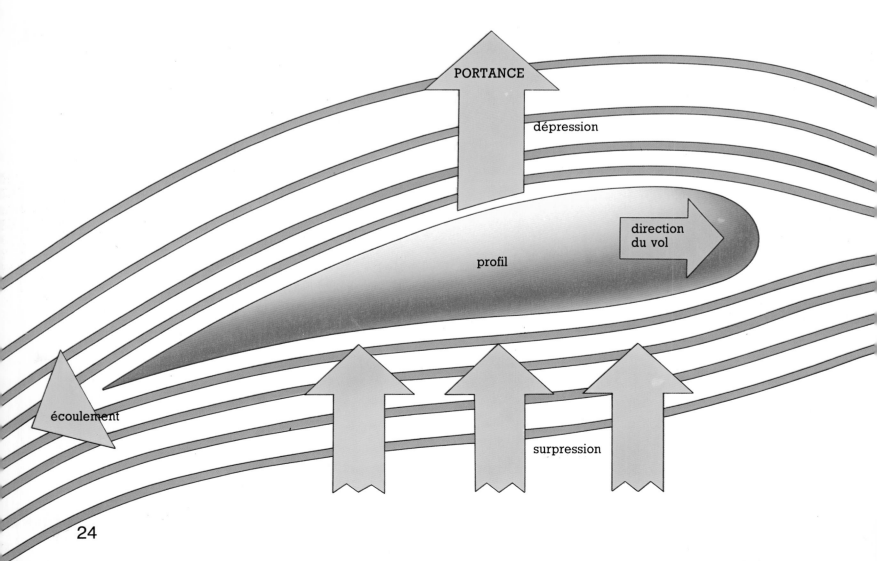

PORTANCE

dépression

direction du vol

profil

écoulement

surpression

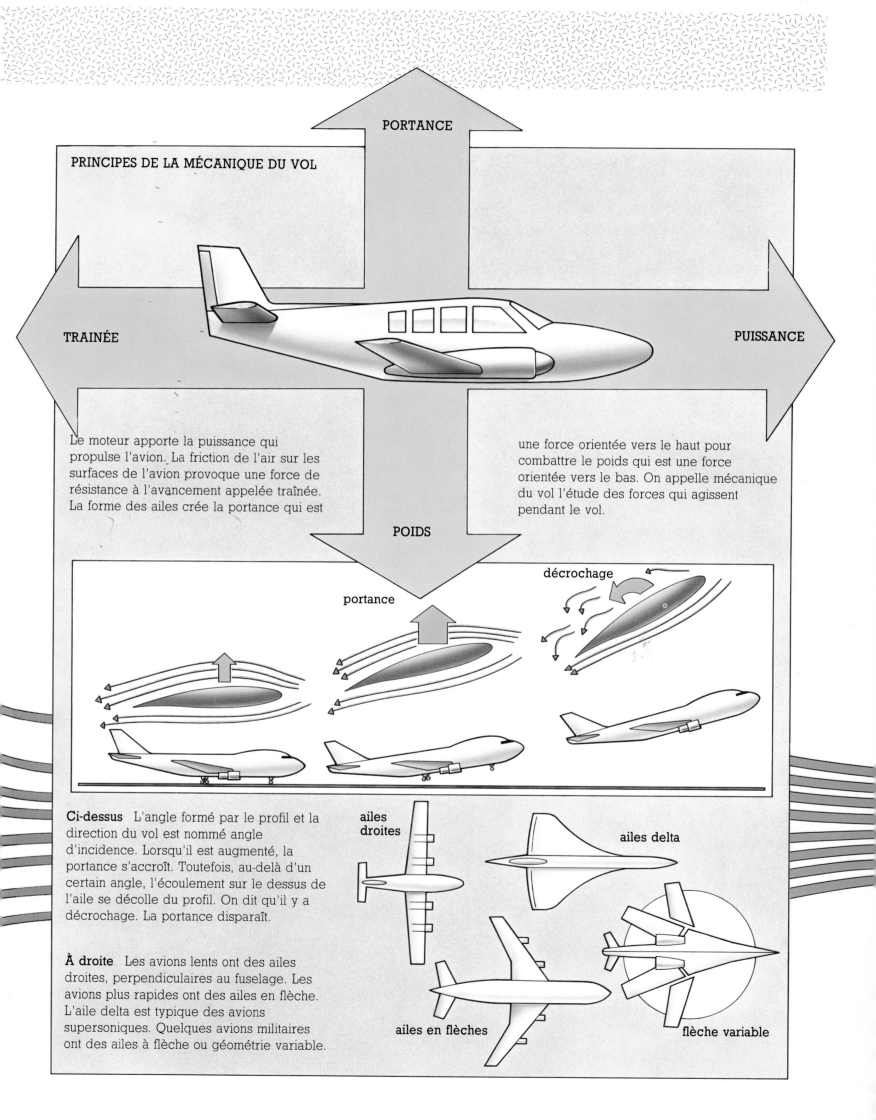

PORTANCE

PRINCIPES DE LA MÉCANIQUE DU VOL

TRAINÉE

PUISSANCE

Le moteur apporte la puissance qui propulse l'avion. La friction de l'air sur les surfaces de l'avion provoque une force de résistance à l'avancement appelée traînée. La forme des ailes crée la portance qui est

une force orientée vers le haut pour combattre le poids qui est une force orientée vers le bas. On appelle mécanique du vol l'étude des forces qui agissent pendant le vol.

POIDS

décrochage

portance

Ci-dessus L'angle formé par le profil et la direction du vol est nommé angle d'incidence. Lorsqu'il est augmenté, la portance s'accroît. Toutefois, au-delà d'un certain angle, l'écoulement sur le dessus de l'aile se décolle du profil. On dit qu'il y a décrochage. La portance disparaît.

À droite Les avions lents ont des ailes droites, perpendiculaires au fuselage. Les avions plus rapides ont des ailes en flèche. L'aile delta est typique des avions supersoniques. Quelques avions militaires ont des ailes à flèche ou géométrie variable.

ailes droites

ailes delta

ailes en flèches

flèche variable

LES FRÈRES WRIGHT

À la fin du XIXe siècle, le Français Clément Ader fut le premier à décoller avec un aéroplane à moteur qu'il baptisa « avion ». Mais c'est en 1903 que deux frères américains, Orville et Wilbur Wright, firent accomplir à l'aviation un pas décisif.

Wilbur avait été passionné par les expériences d'Otto Lilienthal. Il avait ensuite observé les oiseaux, et en avait déduit qu'avant de concevoir un aéroplane, il fallait d'abord découvrir le moyen de le contrôler en vol. Ader ne l'avait pas si bien compris. Les frères Wright mirent ainsi au point les premières commandes de vol avec des planeurs biplans, et construisirent ensuite le moteur et les hélices dont ils avaient besoin.

L'AUBE DU VOL MOTORISÉ
Le matin du 17 décembre 1903, sur les dunes de Kill Devil, les frères Wright lancèrent le moteur de leur premier aéroplane, le *Flyer I*. À l'avant, il avait un volet articulé, la gouverne de profondeur (pour monter et descendre), et les ailes pouvaient être tordues (gauchies) pour contrôler le roulis (inclinaison à gauche ou à droite). Le pilote était assis sur l'aile inférieure, à côté du moteur. Mais ce moteur à explosion n'avait pas assez de puissance pour faire décoller le biplan. Le *Flyer* était donc lancé par un système de catapultage, sur un rail en bois.

Le premier vol, d'une longueur de 37 mètres, dura 12 secondes. D'autres suivirent aussitôt atteignant rapidement 260 mètres en 59 secondes. Peu à peu, les frères Wright améliorèrent leur aéroplane avec un gouvernail de direction, et purent bientôt voler aussi longtemps que le permettait leur moteur.

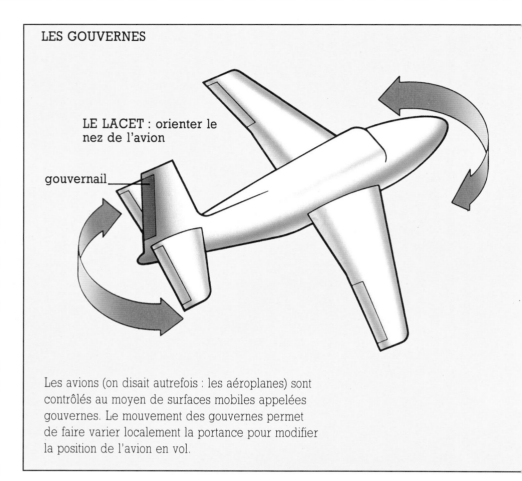

LES GOUVERNES

LE LACET : orienter le nez de l'avion

gouvernail

Les avions (on disait autrefois : les aéroplanes) sont contrôlés au moyen de surfaces mobiles appelées gouvernes. Le mouvement des gouvernes permet de faire varier localement la portance pour modifier la position de l'avion en vol.

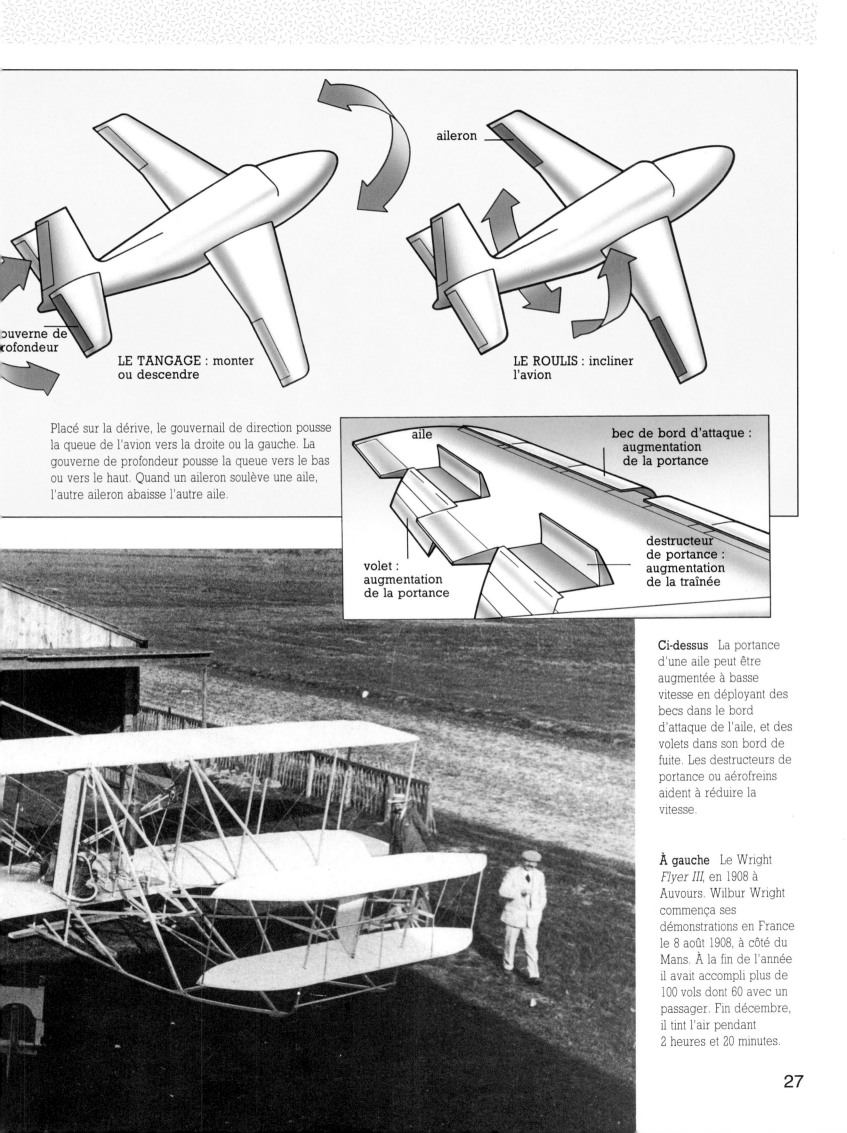

aileron

LE TANGAGE : monter
ou descendre

gouverne de
profondeur

LE ROULIS : incliner
l'avion

Placé sur la dérive, le gouvernail de direction pousse
la queue de l'avion vers la droite ou la gauche. La
gouverne de profondeur pousse la queue vers le bas
ou vers le haut. Quand un aileron soulève une aile,
l'autre aileron abaisse l'autre aile.

aile

bec de bord d'attaque :
augmentation
de la portance

volet :
augmentation
de la portance

destructeur
de portance :
augmentation
de la traînée

Ci-dessus La portance
d'une aile peut être
augmentée à basse
vitesse en déployant des
becs dans le bord
d'attaque de l'aile, et des
volets dans son bord de
fuite. Les destructeurs de
portance ou aérofreins
aident à réduire la
vitesse.

À gauche Le Wright
Flyer III, en 1908 à
Auvours. Wilbur Wright
commença ses
démonstrations en France
le 8 août 1908, à côté du
Mans. À la fin de l'année
il avait accompli plus de
100 vols dont 60 avec un
passager. Fin décembre,
il tint l'air pendant
2 heures et 20 minutes.

PREMIERS AÉROPLANES

C'est surtout en France que l'aviation s'est développée, car les Américains Wilbur et Orville Wright ne surent pas exploiter leur succès. Néanmoins, ils furent beaucoup copiés. Ainsi la plupart des premiers biplans avaient leur gouverne de profondeur à l'avant, comme sur les *Flyer*. Les biplans ont deux paires d'ailes superposées.

Comme Clément Ader et bien d'autres précurseurs, l'ingénieur Français Louis Blériot préconisait le monoplan avec les ailes à l'avant, et un empennage composé du gouvernail de direction, d'un plan fixe horizontal et de la gouverne de profondeur. Cette disposition allait devenir celle des avions modernes. Sauf rares exceptions, tous les avions sont aujourd'hui des monoplans.

En 1909, Louis Blériot réussit la traversée de la Manche avec son monoplan type XI.

En 1910, Henri Fabre, autre jeune inventeur français, fut le premier à s'envoler sur l'eau grâce à l'hydravion à flotteurs qu'il avait construit.

LES AVIONS DE GUERRE

Avant la Première Guerre mondiale (1914-1918), l'aviation n'était pas prise au sérieux. Jusque-là, parce qu'ils ne pouvaient emporter de lourdes charges, les aéroplanes étaient considérés comme des engins de sport et de course. La guerre apporta des changements. Après quelques hésitations, les militaires encouragèrent la construction d'avions. L'effort de guerre permit à la technique aéronautique d'accomplir des progrès qui, normalement, auraient demandé beaucoup plus de temps.

À gauche Le 25 juillet 1909, Louis Blériot fut le premier pilote à réussir la traversée de la Manche en avion. Il décolla des Baraques, près de Calais, avant 5 heures du matin et se posa près de Douvres 37 minutes plus tard.

Ci-dessus Cette photo du Salon de l'aviation de Paris de 1909 montre les trois plus célèbres avions de l'époque devant des ballons. Au premier plan, deux monoplans Antoinette. Derrière, un biplan Voisin, et, sous la maquette de montgolfière, un monoplan Blériot XI.

À droite Le type XI avec lequel Louis Blériot traversa la Manche, fut construit à plusieurs centaines d'exemplaires. Son petit moteur Anzani ne lui permettait pas de voler aussi longtemps que le biplan Wright de 1908. Mais il était plus stable et beaucoup plus facile à piloter que le biplan américain. C'est aussi pourquoi il eut un immense succès.

AILES ET MOTEURS

Pendant les trente premières années de l'aviation, toutes sortes de dispositions furent essayées sur les avions, ainsi que différents types de moteurs. Ce fut une longue période d'expérimentations.

LES MOTEURS

Avant l'apparition des avions à réaction à la fin de la Deuxième Guerre mondiale (1939-1945), les moteurs d'avions étaient tous à pistons, comme les moteurs d'automobiles : un mélange d'air et d'essence est comprimé dans un cylindre par un piston, puis enflammé par une étincelle. La combustion repousse le piston dont la bielle fait tourner le vilebrequin. L'hélice est fixée à ce dernier. Avec plusieurs cylindres fonctionnant alternativement, on supprime les vibrations et on augmente la puissance. Les premiers bons moteurs d'avion étaient rotatifs, c'est-à-dire que leurs cylindres formaient une étoile qui tournait avec l'hélice. Mais ils ne permettaient pas d'obtenir de fortes puissances.

Afin d'accroître la vitesse des avions, il devint nécessaire d'augmenter la puissance des moteurs, mais aussi d'améliorer l'aérodynamique du fuselage à l'avant desquels les moteurs étaient attachés. Les rotatifs furent donc peu à peu remplacés par les moteurs fixes modernes. Ces derniers ont aussi l'avantage de pouvoir être abrités à l'intérieur de capots bien profilés pour réduire la résistance à l'avancement.

Ci-dessous Le moteur en étoile rotatif Gnome fut le premier grand moteur d'avion. Conçu par les Français Laurent et Louis Seguin, il connut un très grand succès de 1909 à 1918. Il tournait avec l'hélice.

À droite Quatre avions de chasse de la Première Guerre mondiale, deux biplans britanniques et deux triplans allemands se poursuivent dans une série de virages. C'est ce qu'on appelle un combat tournoyant.

Ci-dessus La construction d'avions de chasse britanniques en 1918. Il s'agit de biplans Sopwith « Snipe ». Tous sont équipés d'un autre rotatif très célèbre, le moteur français Le Rhône. Entre 1914 et 1918, plus de 100 000 avions furent ainsi construits en France, en Grande-Bretagne, en Allemagne et en Italie.

LES AILES

La plupart des premiers avions étaient biplans (parfois triplans). Cette disposition améliorait la rigidité des ailes, mais, avec l'accroissement de la vitesse, elle provoquait trop de traînée. On en vint aux monoplans à ailes « cantilever » qui n'ont pas besoin de mâts ni de haubans.

En 1917, l'Allemand Hugo Junkers fut le premier à construire des avions métalliques avec des ailes cantilever suffisamment rigides. À la fin de la Première Guerre mondiale, les biplans en bois et toile étaient toujours les plus nombreux, mais l'avenir appartenait aux avions métalliques.

HYDRAVIONS ET DIRIGEABLES

Dans les années 1930, les dirigeables étaient encore seuls capables de transporter de lourdes charges par air. Ils étaient constitués d'une gigantesque carcasse métallique recouverte de toile. L'intérieur contenait plusieurs ballons gonflés avec de l'hydrogène. Équipage et passagers occupaient la base de la structure. Les dirigeables les plus grands et les plus luxueux avaient été mis au point avant 1900 par l'Allemand Ferdinand von Zeppelin. Bien qu'assez lents, mais aménagés comme des paquebots volants, ils établirent des lignes régulières entre l'Allemagne et l'Amérique. Les plus longs atteignaient 150, voire 200 mètres de long.

Presque tous ces géants furent victimes d'accidents, notamment lors de tempêtes. Ils étaient trop légers pour lutter contre les vents violents. L'explosion du *Hindenburg* allemand en 1937, mit fin à leur exploitation.

LES HYDRAVIONS

Les hydravions furent nombreux pendant l'entre-deux guerres (1919-1939) lorsque l'on manquait d'aérodromes. Dans les années 1930, ils pouvaient traverser les océans plus facilement que les avions, en volant d'île en île pour se ravitailler ou s'abriter des tempêtes. Ils pouvaient se poser sur les rivières, les lacs ou dans les ports.

Après la Deuxième Guerre mondiale, la multiplication des aérodromes et la naissance d'avions à grand rayon d'action condamna les hydravions de ligne. Aujourd'hui les hydravions sont utilisés dans les régions isolées où les lacs abondent, comme dans une partie du Canada. En Europe, ce sont surtout des bombardiers d'eau employés à la lutte contre les grands feux.

Ci-dessous Affiche d'une compagnie aérienne finlandaise qui possédait plusieurs hydravions Junkers dans les années 1920. Au bord de la mer Baltique, la Finlande compte des centaines de lacs.

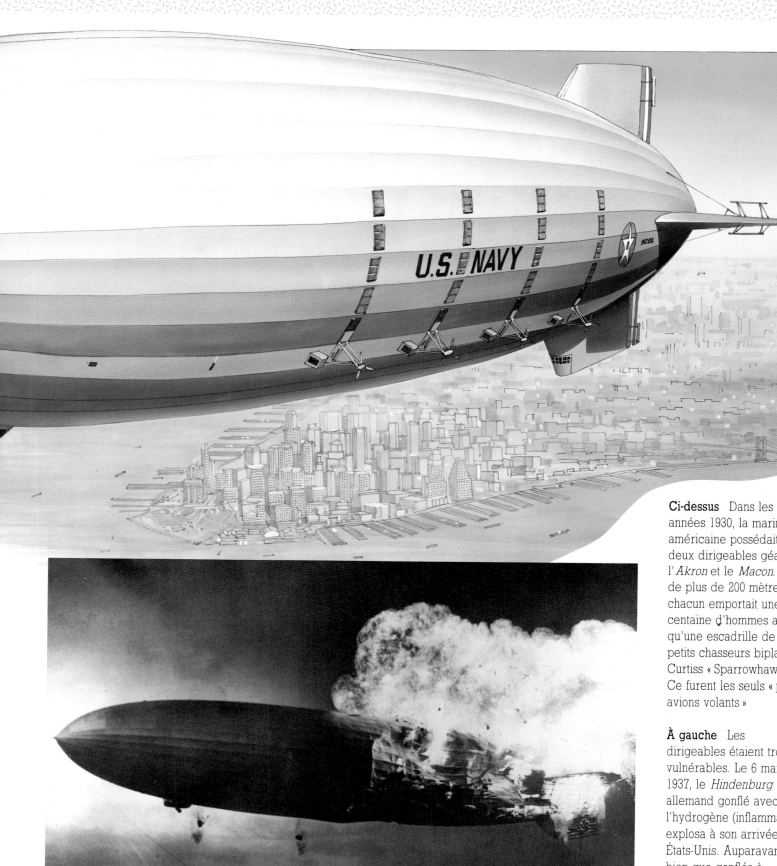

U.S. NAVY

Ci-dessus Dans les années 1930, la marine américaine possédait deux dirigeables géants, l'*Akron* et le *Macon*. Long de plus de 200 mètres, chacun emportait une centaine d'hommes ainsi qu'une escadrille de tout petits chasseurs biplans Curtiss « Sparrowhawk ». Ce furent les seuls « porte-avions volants »

À gauche Les dirigeables étaient trop vulnérables. Le 6 mai 1937, le *Hindenburg* allemand gonflé avec de l'hydrogène (inflammable) explosa à son arrivée aux États-Unis. Auparavant, bien que gonflés à l'hélium (ininflammable), l'*Akron* et le *Macon* avaient été détruits par des tempêtes. Ces drames mirent un terme à l'exploitation des dirigeables dans le monde.

PREMIERS AVIONS DE LIGNE

À la fin de la Première Guerre mondiale, des centaines d'avions militaires furent rachetés d'occasion à l'armée et convertis en avions de ligne. Le transport aérien n'était pas encore fiable. Les moteurs tombaient souvent en panne, et les voyages étaient parfois interrompus pour les réparations. Les avions n'étaient vraiment pas confortables. Les passagers devaient porter des vêtements épais pour se protéger du froid et se mettre du coton dans les oreilles contre le bruit.

Beaucoup de constructeurs européens essayèrent d'inventer de nouveaux avions pour transporter des passagers. Ils échouèrent parce que ces appareils coûtaient plus chers que les avions de guerre (des bombardiers) qui avaient été convertis, sans être plus rapides ni plus commodes. Cependant, le Junkers F13 allemand et le Fokker F.II néerlandais furent des réussites. Ils emportaient chacun 6 personnes. Ils améliorèrent la réputation du transport aérien à ses débuts.

Ci-dessus Le Ford trimoteur américain de 1928 emportait 14 passagers à 170 kilomètres/heure. Il fut construit à 200 exemplaires. Il était inspiré par le Fokker F.VII néerlandais, l'un des grands succès de l'époque. Les avions à trois moteurs furent particulièrement nombreux en Europe jusqu'au début des années 1940.

Ci-dessus Le Handley Page HP42 britannique était l'Airbus de la fin des années 1920. Volant à 125 kilomètres/heure et rarement de nuit, il reliait la Grande-Bretagne à l'Inde, par exemple, en plusieurs jours avec de très nombreuses escales.

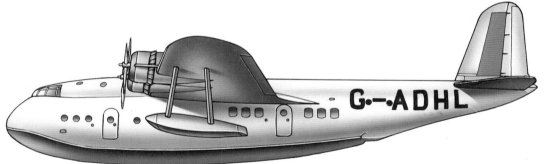

Ci-dessus Les grands hydravions à coque que les Anglais appellent « bateaux volants », furent employés principalement sur les lignes transocéaniques pendant une quinzaine d'années jusqu'en 1945. Ils emportaient encore peu de passagers, à une époque où voyager en avion était un véritable luxe.

LES AVIONS DE LIGNE MODERNES
Vers 1930 apparurent les premiers avions de transport modernes, monoplans métalliques avec un train escamotable et des moteurs carénés. L'un des premiers, le bimoteur Boeing 247 américain, stimula la concurrence des constructeurs américains. La société Douglas construisit peu après ce qui devint le DC.3, l'avion de ligne le plus populaire et le plus moderne du monde avant 1939.

Fin 1938, Boeing lança son B.307 « Stratoliner », premier avion de ligne à cabine pressurisée. Il pouvait voler haut dans un air raréfié en permettant à ses passagers de respirer normalement. À haute altitude, il y a moins de turbulences ; le voyage est plus agréable. L'aviation de transport connut à cette époque aux États-Unis un développement très important, et dépassa ses concurrents européens en quantité comme en qualité.

LA DEUXIÈME GUERRE MONDIALE

Dix mois après le début de la Deuxième Guerre mondiale, pendant l'été de 1940, une bataille aérienne eut lieu. Ce fut la Bataille d'Angleterre au cours de laquelle les chasseurs les plus puissants de l'époque combattirent pour la maîtrise du ciel : « Hurricane » et « Spitfire » de la Royal Air Force britannique contre Messerschmitt 109 de la Luftwaffe allemande. À l'issue de cette bataille indécise, l'Allemagne nazie fut contrainte de reconnaître sa première grande défaite en abandonnant son projet d'invasion de l'Angleterre.

PROGRÈS PENDANT LA GUERRE
Pendant la Deuxième Guerre mondiale, l'aviation joua un rôle considérable et fit des progrès rapides. Le développement d'avions nouveaux et de moteurs plus puissants fut accéléré. Les premiers avions-cargos furent construits avec de larges portes de chargement. Les planeurs transporteurs de troupes et les bombardiers à très long rayon d'action apparurent. Des équipements électroniques furent mis en service dont, en particulier, les radars à bord des chasseurs et des bombardiers de nuit, pour détecter les avions ennemis dans l'obscurité, ou obtenir une image du sol à travers les nuages.

Les Britanniques se spécialisèrent très tôt dans le bombardement noc-

Ci-dessous De gauche à droite, un « Hurricane », un « Lancaster » et un « Spitfire ». D'assez nombreux avions de la Deuxième Guerre mondiale sont encore préservés en état de vol par des associations de collectionneurs.

Ci-dessus Un écran de radar moderne. Radar signifie Radio Detection And Ranging. Le radar vit le jour en Europe à la fin des années 1930, et les Britanniques furent les premiers à le mettre au point.

Ci-dessous L'avion de transport le plus construit de tous les temps fut le Douglas DC.3 américain (plus de 10 000 exemplaires). La Deuxième Guerre mondiale favorisa la domination des constructeurs d'avions américains.

À droite Les antennes des radars britanniques en 1940 formaient une chaîne le long des côtes sud de l'Angleterre pour détecter l'arrivée d'avions ennemis avec une portée qui pouvait atteindre 250 kilomètres. Le radar favorisa la victoire de la RAF dans la Bataille d'Angleterre.

turne, tandis que les Américains attaquaient de jour. La différence de tactique affecta la conception des avions. Ainsi les bombardiers de jour Boeing B-17 américains furent plus lourdement armés pour se défendre que les Avro « Lancaster » bombardiers de nuit britanniques.

À la fin de la guerre, les chasseurs à hélice les plus rapides atteignaient 750 kilomètres/heure. Le bombardier le plus puissant, le Boeing B-29, volait à 10 000 mètres d'altitude, à 485 kilomètres/heure. Mais, dès 1945, il était clair que les moteurs à pistons de ces avions allaient laisser la place aux moteurs à réaction.

AVIONS ET FUSÉES

Dans les années 1930 et 1940 , la mise au point d'une nouvelle technique bouleversa la notion de transport aérien : la propulsion par réaction avec le turboréacteur et le moteur-fusée.

LES TURBORÉACTEURS

En 1920, un élève officier britannique, Frank Whittle, inventa un nouveau moteur d'avion appelé turbine à gaz. C'était un moteur à réaction dont la puissance était fournie par l'éjection de gaz. La recherche dans ce domaine commença un peu plus tard en Allemagne, mais progressa plus vite. Le premier avion à réaction fut le Heinkel He-178 allemand qui vola le 27 août 1939. Le deuxième fut le Gloster E.28/39 britannique, qui vola le 15 mai 1941. Le Messerschmitt 262 allemand fut le premier à entrer en service en 1944.

LES FUSÉES

Les Allemands furent aussi les premiers à faire de la fusée une arme de guerre moderne. Les fusées militaires de la Première Guerre mondiale étaient propulsées par un carburant solide, la poudre. Après la mise à feu, la combustion ne pouvait être interrompue. Les Allemands utilisèrent du carburant liquide, comme l'avait suggéré cinquante ans auparavant un chercheur russe, Constantin E. Tsiolkovsky. L'avantage était qu'on pouvait éteindre puis rallumer le moteur, et même faire varier sa puissance. Robert H. Goddard avait lancé la première fusée à carburant liquide aux États-Unis en 1926. En 1943, les Allemands mirent au point la terrible fusée V2 qu'ils lancèrent contre les Alliés à partir de 1944.

Après la guerre, les auteurs de cette invention furent emmenés aux États-Unis et en URSS, ainsi que leurs fusées

V2. Ils aidèrent à y développer des lanceurs d'armes nucléaires, de satellites puis de vaisseaux spatiaux. Ils contribuèrent largement à la conquête de la lune par les Américains en 1969. L'Europe possède aussi son lanceur spatial, la fusée Ariane. Elle est d'origine française.

Ci-dessus La fusée V2 allemande de la Deuxième Guerre mondiale ; elle emportait une tonne d'explosif à vitesse supersonique, sur plus de 250 kilomètres.

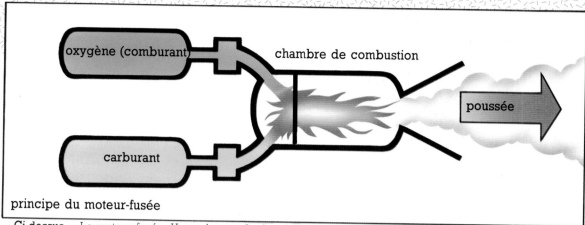

principe du moteur-fusée

Ci-dessus Le moteur-fusée. Un carburant (hydrogène, par exemple) est pompé vers une chambre de combustion où il est mélangé avec le carburant (oxygène ou produit riche en oxygène) qui permet de le brûler. Ce moteur peut fonctionner sans air parce que la fusée emporte son propre oxygène.

Ci-dessous Le turboréacteur. Ce type de moteur aspire l'air extérieur et le comprime. Cet air est ensuite canalisé dans une chambre où il est mélangé à du carburant. La combustion du carburant a lieu aussitôt grâce à l'oxygène de l'air. Elle produit un gaz très chaud qui jaillit vers l'arrière très vite, en produisant la poussée.

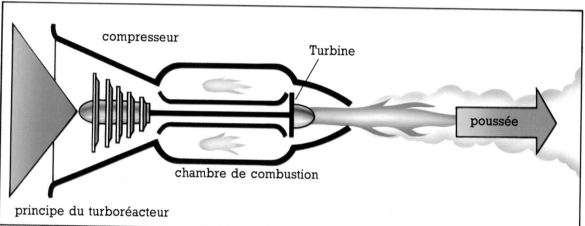

principe du turboréacteur

Ci-dessous Le Messerschmitt 262 allemand fut le premier avion à réaction mis en service, en 1944.

L'AVIATION COMMERCIALE

Jusqu'aux années 1950, un voyage en avion était très souvent inconfortable. À l'époque, les avions équipés de moteurs à pistons ne pouvaient pas toujours voler au-dessus des tempêtes, et l'on pouvait être très secoué. À partir de 1952, sur la ligne Londres-Johannesbourg, les passagers de la compagnie britannique BOAC (British Overseas Airways Corporation) purent enfin jouir du confort du premier avion de ligne à réaction, le de Havilland « Comet ».

SUCCÈS ET ÉCHEC

Le « Comet » volait à une altitude de 12 000 mètres, au-dessus de la plupart des turbulences. Comparée aux 500 kilomètres/heure de ses rivaux à moteurs à pistons, sa vitesse supérieure à 750 kilomètres/heure était très attrayante parce qu'elle diminuait la durée des voyages. Bientôt, le « Comet » fut lancé vers l'Inde et l'Extrême-Orient. Il ramenait le temps du voyage entre Londres et Singapour de deux jours et demi à 25 heures.

Malheureusement, en 1954, trois « Comet » explosèrent. On découvrit qu'à haute altitude, la pressurisation provoquait des fissures dans le fuselage. Elles s'étendaient en provoquant la rupture de la structure. Il fallut quatre ans pour résoudre le problème et construire un « Comet » renforcé.

Ce délai permit aux constructeurs américains de développer leurs avions de ligne à réaction. Le premier fut le Boeing 707 en 1958. Il fut au départ d'une longue famille d'avions de ligne américains qui dominèrent l'aviation mondiale. Les avions à réaction ont changé notre vision du monde. Ils ont fait rétrécir la Terre, réduisant à quelques heures de vol la distance entre ses points les plus éloignés.

Ci-dessus L'Airbus Industrie A310 européen est entré en service en 1983. Il fut le deuxième succès de la famille Airbus qui a brisé le monopole américain. Il pèse 150 tonnes et peut emporter 280 personnes sur 7 000 kilomètres.

À droite Le moteur américain Pratt & Whitney PW 2000 est typique des nouveaux turboréacteurs civils très puissants, économiques et silencieux.

À gauche Un « Comet » 4C de la compagnie Sudan Airways. Il offrait à ses passagers des années 1950, un confort avec lequel ne pouvait rivaliser aucun autre avion de ligne.

LES AVIONS DE LIGNE MODERNES

L'avion de ligne moderne est devenu « l'autobus aérien » de la fin du XXᵉ siècle. Jamais le transport aérien n'a été si populaire. Chaque année, plus d'un milliard de personnes voyage en avion. Ce chiffre pourrait doubler en l'an 2000.

Les avions qui transporteront bientôt 1000 passagers à la fois, sont très complexes. Leurs ailes et leurs moteurs doivent procurer la portance et la puissance nécessaires pour voler à la bonne altitude et à la bonne vitesse sur des milliers de kilomètres. Les équipements électroniques doivent donner à l'équipage toutes les informations utiles pour naviguer en sécurité sur les routes prévues. Les structures doivent résister à l'importante différence entre la pression de l'air dans la cabine pressurisée, et la faible pression de l'air à l'extérieur. Elles doivent aussi permettre d'emporter tout ce qui est indispensable au confort, au divertissement et aux repas des passagers pendant les vols longs.

ÉVOLUTION DES AVIONS DE LIGNE
Les avions sont devenus extrêmement chers. Pour répondre aux désirs des utilisateurs, il est plus économique de modifier légèrement une version de base que de construire un avion nouveau. Le Boeing 747 de 1969 a été sans cesse modernisé et modifié pour satisfaire ses différents acheteurs. Certaines versions sont destinées aux vols courts ou moyens-courriers, d'autres aux vols longs et très longs-courriers sans escale. Certaines, enfin, sont aménagées pour emporter le plus de passagers possible en toute sécurité. De la même manière, l'Airbus A300 a donné naissance à toute une famille d'avions plus grands ou plus petits.

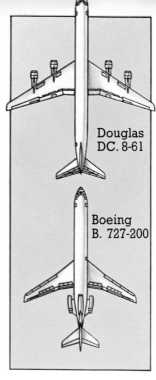

Douglas DC. 8-61

Boeing B. 727-200

Ci-dessus Les premiers avions de ligne à réaction américains (Boeing B.707 et Douglas DC.8) avaient les moteurs sous les ailes. Ceux du « Comet » étaient logés dans les ailes. Le Boeing 727 a les réacteurs à l'arrière du fuselage, comme la « Caravelle ».

Ci-dessous Soixante ans seulement séparent l'avion de 300 kilos que Blériot construisit pour traverser la Manche et le Boeing 747 de 300 tonnes qui emporte plus de 400 passagers.

Ci-dessous Quatre McDonnell Douglas MD-11, triréacteurs longs-courriers en cours d'assemblage dans une usine en Californie. Chacun emportera 400 passagers sur une distance de 9 000 kilomètres.

LE VOL SUPERSONIQUE

Le 2 mars 1969, un avion fin, pointu comme une flèche s'élança en grondant sur une piste de Toulouse, et gracieusement s'éleva dans le ciel pour la première fois. Cet avion était le Concorde. Il représentait une nouvelle étape de l'aviation commerciale. C'était le premier avion de ligne supersonique occidental, c'est-à-dire que sa vitesse dépassait celle du son. Il n'existe encore aucun avion aussi gros capable d'aller aussi vite.

Pendant la Deuxième Guerre mondiale, des avions ont quelquefois approché la vitesse du son en piqué. Mais à cette vitesse, leur comportement changeait, ils devenaient difficiles à contrôler, sans que l'on puisse en déterminer les raisons. Ils n'avaient ni la forme adéquate, ni les moteurs assez puissants pour voler à la vitesse du son en vol horizontal. Après la guerre, les Américains commencèrent

À droite Concorde transporte régulièrement une centaine de passagers à plus de 2 200 kilomètres/heure, deux fois la vitesse du son (Mach 2,2) entre Paris ou Londres et les États-Unis. Il est aussi utilisé pour des vols occasionnels un peu partout dans le monde. Deux compagnies l'exploitent : Air France et British Airways, les compagnies nationales des deux pays qui l'ont conçu. Réussite commerciale, Concorde a été un échec commercial et n'a été construit qu'à 16 exemplaires.

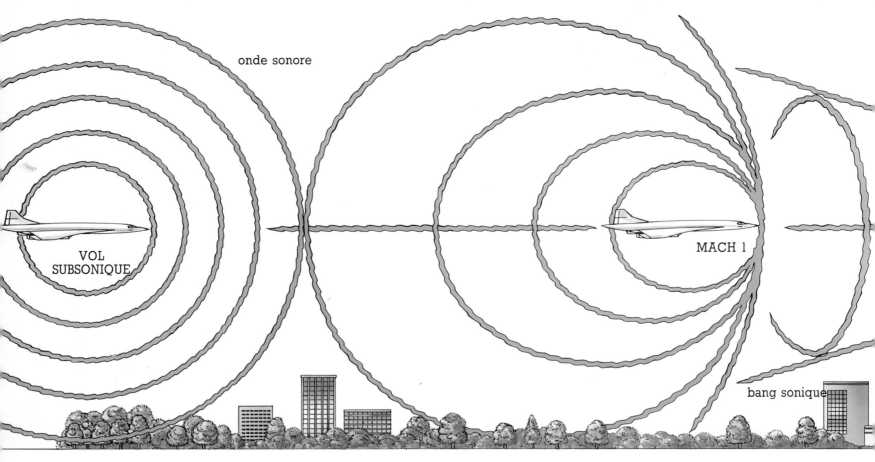

onde sonore

VOL SUBSONIQUE

MACH 1

bang sonique

CONCORDE PASSE LE « MUR DU SON »

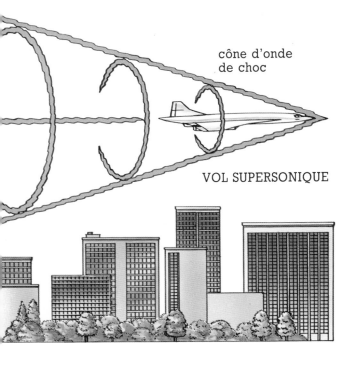

cône d'onde
de choc

VOL SUPERSONIQUE

À gauche Le son est une vibration de l'air, et se propage comme une onde sur l'eau. Lorsque Concorde vole moins vite que le son, les ondes sonores (ici en bleu) se propagent en couronnes autour de lui : on entend Concorde avant de le voir. À Mach 1, Concorde vole à la vitesse des ondes sonores : on ne l'entend qu'au moment où il passe. Au-delà de Mach 1, plus vite que l'onde sonore, une onde de choc en forme de cône se crée dans l'air autour de l'avion. Elle provoque une détonation sourde qu'on entend après le passage de l'avion. On entend Concorde longtemps après qu'il est passé !

à expérimenter de nouvelles formes d'avions à moteurs-fusées.

Le premier vol supersonique fut accompli par le capitaine de l'US Air Force Charles Yeager, en 1947. Il pilotait un avion-fusée expérimental Bell XS-1 et dépassa à peine la vitesse du son à Mach 1,06 (Mach 1 est la vitesse du son).

En 1962, Français et Britanniques s'associèrent pour construire un avion de ligne supersonique qui fut baptisé Concorde. Peu après, les Américains abandonnèrent le gros avion supersonique qu'ils projetaient. Le Toupolev Tu-144 soviétique vola peu avant Concorde mais fut un échec technique. Concorde resta ainsi le seul avion de ligne supersonique.

L'AÉROPORT INTERNATIONAL

Les aéroports modernes sont conçus en fonction de la taille des avions qui les utilisent. Il n'existe pas de modèle pour tous. Plusieurs formules peuvent être employées pour recevoir et ravitailler les avions, débarquer les passagers, le fret et les bagages, accueillir et embarquer de nouveaux passagers. Cependant, d'une manière générale, les installations des aéroports sont prévues pour réduire au minimum la durée des escales, c'est-à-dire le temps que l'avion doit passer au sol entre ses vols.

Les aéroports sont de plus en plus vastes. Depuis les années 1960, le trafic aérien s'accroît considérablement et les aéroports doivent être régulièrement modernisés et encore agrandis. Les grands aéroports ressemblent à de petites villes avec des services pour les passagers (hôtels, boutiques, banques,

Un aéroport particulier
L'aéroport de Schiphol à Amsterdam. À 4,5 mètres sous le niveau de la mer, c'est le plus bas du monde, mais sa tour de contrôle de 100 mètres est la plus grande.

La disposition en jetées
Le terrain d'aviation de Schiphol a été fondé en 1917. Comme bien d'autres, l'aéroport actuel a été conçu dans les années 1970 selon la formule des jetées.

L'accès aux terminaux
Les aéroports modernes doivent accueillir le plus grand nombre possible d'avions et de passagers, en raccourcissant le temps d'accès entre avions et terminaux (le terminal est une des aérogares).

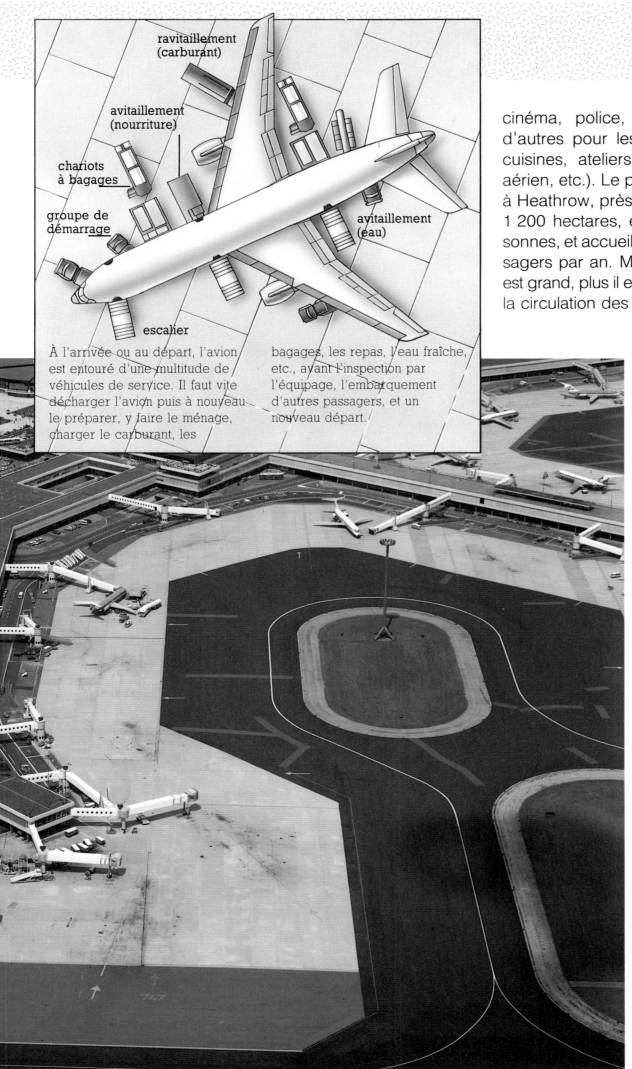

ravitaillement
(carburant)

avitaillement
(nourriture)

chariots
à bagages

groupe de
démarrage

avitaillement
(eau)

escalier

À l'arrivée ou au départ, l'avion est entouré d'une multitude de véhicules de service. Il faut vite décharger l'avion puis à nouveau le préparer, y faire le ménage, charger le carburant, les bagages, les repas, l'eau fraîche, etc., avant l'inspection par l'équipage, l'embarquement d'autres passagers, et un nouveau départ.

cinéma, police, médecin, etc.), et d'autres pour les avions (carburant, cuisines, ateliers, bureaux, contrôle aérien, etc.). Le plus grand d'Europe, à Heathrow, près de Londres, couvre 1 200 hectares, emploie 50 000 personnes, et accueille 50 millions de passagers par an. Mais plus un aéroport est grand, plus il est difficile de contrôler la circulation des avions autour de lui.

Les passerelles télescopiques
Sur cette photo, les longs doigts blancs qui sortent des jetées sont les passerelles que les passagers empruntent pour aller vers les avions. Au départ, la passerelle se détache de l'avion, se replie ou se rétracte.

Les bandes de roulement
Les bandes de roulement sont réservées aux avions qui roulent entre les aérogares et les pistes.

Les parkings
Pour permettre aux plus gros avions de manœuvrer, comme le Boeing 747 en bas sur la photo, il faut beaucoup d'espace autour des jetées. Il faut aussi que les véhicules de service puissent circuler en sécurité autour des avions.

LA NAVIGATION

Les premiers pilotes de ligne volaient à des altitudes assez basses pour pouvoir se diriger (ou naviguer) en fonction de repères au sol bien connus comme les rivières, les voies ferrées, les villes, les routes. Quand le sol n'était pas visible, la nuit ou par mauvais temps, ils ne volaient pas.

Peu après l'ouverture des premières lignes aériennes, on commença à établir un réseau de stations radio pour aider les pilotes.

Quand deux stations recevaient

Un avion décolle et gagne son altitude de croisière (1). Quand il quitte la zone de contrôle de l'aéroport (2), il passe dans une plus vaste zone de contrôle régional (3). Les pilotes naviguent grâce à des radio-balises (4) à la verticale desquelles ils peuvent changer de cap (5). Mais il n'y a pas de balises partout, et l'avion possède aussi des équipements autonomes et perfectionnés pour naviguer sans aide extérieure. C'est le cas au-dessus des océans (6).

Ci-dessus La salle de veille d'une tour de contrôle. Les avions de ligne sont suivis en permanence par des contrôleurs aériens qui sont installés le plus souvent dans des locaux sans fenêtres, devant des écrans de radars. Une tour de contrôle ne sert qu'à régler le trafic sur les pistes et les parkings.

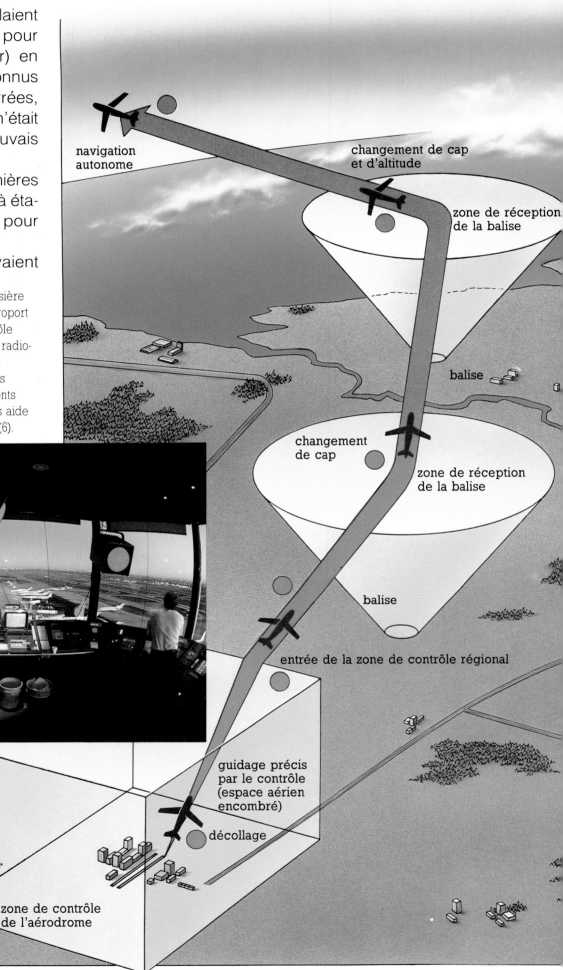

navigation autonome

changement de cap et d'altitude

zone de réception de la balise

balise

changement de cap

zone de réception de la balise

balise

entrée de la zone de contrôle régional

guidage précis par le contrôle (espace aérien encombré)

décollage

zone de contrôle de l'aérodrome

l'appel d'un avion, on traçait un trait sur une carte entre la station radio et la direction d'où venait l'appel ; au point d'intersection des deux traits se trouvait l'avion. Tel était le principe des premiers systèmes de radio-navigation précis. Aujourd'hui, les équipements de radio-navigation plus complexes, plus fiables et plus précis, font appel à l'informatique.

Un vol long est partagé en sections délimitées par des « points tournants ». Un « point tournant » est une position géographique qui peut correspondre à l'émetteur d'une radio-balise. Avant le vol, la position des points tournants est indiquée à l'ordinateur de l'avion de ligne. Le pilote automatique pourra ainsi seul conduire l'avion de points en points, mais un gros avion de ligne comme un petit avion de tourisme peut aussi être piloté manuellement.

Un système de radio-navigation révolutionnaire fonctionne aujourd'hui avec des satellites dont les signaux sont reçus et analysés par un tout petit récepteur à bord de l'avion. Un mini-ordinateur calcule aussitôt la position exacte de l'avion, sa vitesse, son cap et la distance qui reste à parcourir.

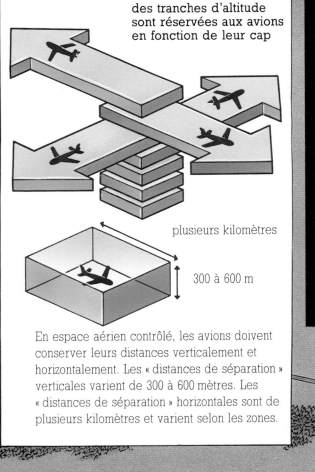

des tranches d'altitude sont réservées aux avions en fonction de leur cap

plusieurs kilomètres

300 à 600 m

En espace aérien contrôlé, les avions doivent conserver leurs distances verticalement et horizontalement. Les « distances de séparation » verticales varient de 300 à 600 mètres. Les « distances de séparation » horizontales sont de plusieurs kilomètres et varient selon les zones.

Ci-dessus Les contrôleurs suivent la progression des avions dans leur zone par radar. Chaque avion émet un code qui donne son identification, son altitude et sa destination. Le radar montre la position de l'avion.

DANS LE COCKPIT

Pour beaucoup de passagers, le cockpit d'un avion de ligne est un étalage déconcertant de cadrans, de leviers, de contacts et de lampes. En fait les instruments sont logiquement répartis. Sur le tableau de bord en face de chaque pilote, des instruments de pilotage indiquent vitesse, altitude et cap. Au centre : les cadrans de contrôle des moteurs. Au-dessus : les alarmes. En dessous, sur la console qui sépare les pilotes : les manettes de commande des moteurs, les radios, le pilote automatique et les claviers de contrôle des ordinateurs de bord. Les contacts électriques sont placés au plafond.

Les avions les plus récents ont moins d'instruments que leurs prédécesseurs parce que les cadrans sont remplacés par deux ou trois écrans d'ordinateurs. Des ordinateurs surveillent l'avion en permanence et ne donnent aux pilotes que les informations dont ils ont besoin quand il le faut.

À droite Si les avions arrivant sur un aéroport sont trop nombreux, ils doivent attendre leur tour pour se poser. Ils doivent conserver une certaine vitesse pour continuer à voler, sinon ils tombent. Les contrôleurs les font voler en rond sur des circuits d'attente appelés « hippodromes », les uns au-dessus des autres. Lorsqu'un avion quitte l'hippodrome du bas de la pile pour se poser, l'avion du dessus prend sa place et ainsi de suite.

Ci-dessous L'habitacle du Soukhoï Su-27. Ce chasseur russe est entré en service en 1986. Le nombre d'instruments et de commandes qu'il faut loger dans l'étroit habitacle d'un chasseur est toujours un défi pour les ingénieurs.

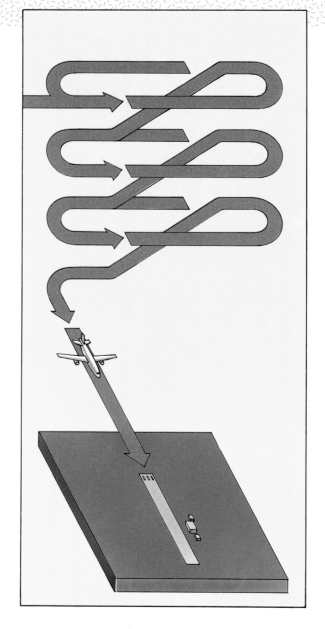

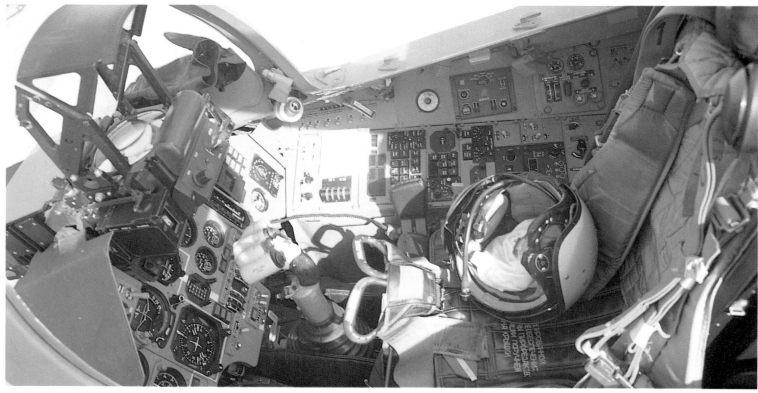

LES COMMANDES DE VOL

Les petits avions de tourisme, les avions de chasse ou les gros avions de transport possèdent les mêmes commandes de vol que les premiers aéroplanes : un manche à balai et un palonnier. En inclinant le manche, on incline l'avion. En poussant ou tirant sur le manche, on lève ou baisse le nez de l'avion. En poussant sur le palonnier, on l'oriente avec le gouvernail. Le manche peut être remplacé par un volant qu'on pousse, tire ou fait tourner. Pres-que tous les gros avions ont un volant qu'on peut tourner, monté sur une colonne qu'on peut pousser ou tirer. Le pilote et le copilote ont chacun un jeu de commandes complet.

Les commandes étaient à l'origine reliées aux gouvernes par des câbles, mais, sur les gros avions rapides, les forces nécessaires pour mouvoir les gouvernes dépassent les capacités humaines. Les commandes sont donc reliées à des vérins hydrauliques qui actionnent les gouvernes.

Ci-dessus Le poste de pilotage de l'Airbus A320. Il n'y a plus de colonnes ni de volants mais deux poignées sur les côtés, ressemblant à des poignées de jeux électroniques. Elles sont reliées par des fils électriques à des ordinateurs, et ce sont les ordinateurs qui commandent les vérins des gouvernes. Ce système nouveau est nommé Commandes De Vol Électriques (CDVE).

L'ÉQUIPAGE

À bord d'un avion de ligne, il y a deux équipages : l'équipage technique formé par le pilote et le copilote, et l'équipage commercial dont l'importance dépend de la taille de l'avion. Les premiers avions de ligne n'avaient qu'un membre d'équipage : le pilote. Les avions devenant plus compliqués, il fallut ajouter des assistants. Les bombardiers lourds de la Deuxième Guerre mondiale emportaient pilote, copilote, mécanicien navigant, navigateur, radio, bombardier, et des mitrailleurs pour défendre l'avion.

Vingt ans plus tard, l'électronique rendant les instruments plus faciles à utiliser, les équipages commencèrent à se réduire. Parmi les avions datant des années 1960, Concorde possède pilote, copilote et mécanicien navigant. Les avions plus récents n'ont plus de mécanicien navigant.

L'ENTRAÎNEMENT

Avant d'être autorisés à piloter un avion de ligne, les pilotes suivent un entraînement spécial. Les pilotes militaires apprennent aussi l'usage des armes et les tactiques de combat aérien.

Tous ces pilotes passent de nombreuses heures dans le simulateur de vol, une machine à l'intérieur de laquelle est installé un poste de pilotage d'avion. Sur les fenêtres défilent des images électroniques de la terre et du ciel. Tous les bruits sont également reproduits.

Quand l'équipage manœuvre les commandes, des vérins hydrauliques font bouger la machine comme un avion véritable. Un vol d'entraînement en simulateur est plus économique et plus efficace qu'un vol réel.

Ci-dessous L'un des équipages les plus nombreux est celui du Boeing 747. Le personnel navigant technique compte un pilote, un copilote et un mécanicien navigant. Le personnel navigant commercial peut compter jusqu'à 14 stewards et hôtesses qui rassurent les passagers et distribuent les repas. Cependant, le rôle principal du personnel commercial est d'assurer la sécurité dans la cabine, en cas d'incident.

À droite Les pilotes militaires ont des combinaisons de vol spéciales, mais seuls les pilotes du SR-71 américain étaient habillés comme des spationautes. Leur avion volait à Mach 3 à 40 kilomètres d'altitude. Il leur fallait une combinaison étanche et pressurisée au cas où ils auraient à utiliser leur siège éjectable et leur parachute à une altitude aussi élevée. Les pilotes militaires portent plus généralement un pantalon anti-g. Lorsque l'avion effectue des manœuvres brutales, il se contracte automatiquement comme un garrot pour empêcher le sang d'être refoulé de la tête vers les pieds (ceci pouvant provoquer des syncopes).

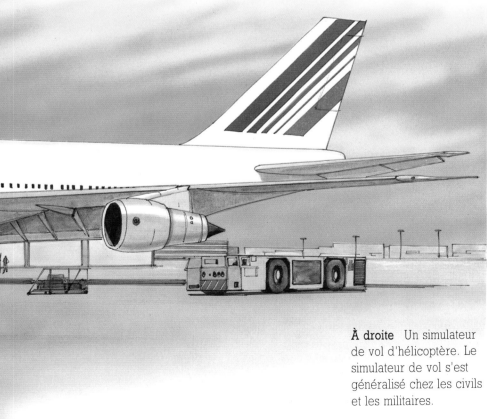

À droite Un simulateur de vol d'hélicoptère. Le simulateur de vol s'est généralisé chez les civils et les militaires.

LES AVIONS-CARGOS

Certaines compagnies aériennes sont spécialisées dans le transport de fret. Le transport aérien des marchandises ne cesse de croître, et les aéroports doivent avoir des zones de fret spécialisées. Chaque année, un million de tonnes de fret transite par l'aéroport international *J.F. Kennedy*, à New York.

Les avions-cargos sont en général des avions de ligne modifiés, sans hublots mais avec de plus larges portes. Cependant tous les gros avions de transport de passagers ont des soutes pour emporter du fret.

LES CARGOS MILITAIRES

Les plus grands avions-cargos sont militaires. Beaucoup ont des portes avec rampes d'accès dans le nez et à l'arrière pour faciliter chargement et déchargement. Le plus connu est le Lockheed C-130 « Hercules » américain, né dans les années 1950. Venu vingt ans plus tard, le Lockheed C-5 « Galaxy » est plus de deux fois plus gros.

En 1982, l'URSS a construit l'énorme Antonov An-124 « Rouslan ». C'était le plus grand avion du monde avec ses 73 mètres d'envergure et ses 405 tonnes. En 1988, lui succéda l'An-225 « Mrya » qui pèse 500 tonnes et peut emporter 156 tonnes de marchandises.

Ci-dessous Une palette de marchandises glisse sur la rampe arrière d'un « Hercules » pour être parachutée.

À droite L'étrange « Super Guppy » transporte les éléments d'un bimoteur ATR 42 vers le hall d'assemblage à Toulouse.

LES AVIONS À HÉLICES

Tous les gros avions de ligne et la plupart des avions militaires sont aujourd'hui propulsés par des turboréacteurs, mais l'hélice n'a pas complètement disparu. Les avions de tourisme et beaucoup d'avions d'affaires ou même de ligne ont encore des moteurs à hélices. Il y en a de deux sortes : les moteurs à pistons et les turbopropulseurs. Le moteur à pistons est semblable au moteur des automobiles. Avant l'invention du turboréacteur, il était seul à exister. Le turbopropulseur fonctionne sur le même principe qu'un turboréacteur. Ses gaz chauds font tourner une turbine qui entraîne une hélice.

L'hélice a évolué depuis les hélices à deux pales taillées dans le bois, jusqu'aux hélices à quatre, cinq ou six pales à pas variable construites avec des matériaux synthétiques. Le pas variable signifie que l'angle d'attaque des pales peut être modifié. Quand le pas est fixe, l'hélice n'a un bon rendement qu'à une seule vitesse. Avec le pas variable, les pales peuvent être ajustées pour obtenir un bon rendement à toutes les vitesses. Au sol, on peut parfois inverser le pas pour faire fonctionner l'hélice à l'envers et arrêter l'avion plus vite ou le faire reculer (au sol uniquement).

LES HÉLICES DU FUTUR

Le prix du carburant ayant beaucoup augmenté depuis les années 1970, les ingénieurs cherchent des propulseurs toujours plus économiques. Ils ont récemment inventé « l'hélice rapide » qui, contrairement à l'hélice classique, est utilisable à plus de 800 kilomètres/heure, et est plus économique qu'un turboréacteur.

À droite Un de Havilland « Twin Otter » australien se pose sur la banquise. Ce petit bimoteur très polyvalent, aussi à l'aise sur roues que sur skis, est propulsé par deux turbopropulseurs. L'inversion du pas de ses hélices lui permet de s'arrêter, à l'atterrissage, sur une distance très courte.

Ci-dessous Des produits chimiques sont répandus sur les grands champs de culture pour les protéger des insectes et des maladies. Les avions ou les hélicoptères d'épandage sont modifiés ou conçus spécialement pour cette tâche. Sur cette photo, le produit contenu dans les gros réservoirs de l'avion, est répandu par des buses placées tout le long de « rampes d'épandage », en arrière des ailes.

À droite Le moteur à « hélice rapide » pourrait consommer un tiers de carburant de moins qu'un turboréacteur. Il se compose d'un turboréacteur entraînant à l'arrière au moyen d'engrenages, deux couronnes de pales à pas variable. Ces pales ont une forme de lame de sabre. Les essais en vol ont commencé en 1987, mais ce type de moteur coûte encore trop cher à fabriquer.

LES HÉLICOPTÈRES

Une aile d'avion peut faire monter vers le ciel plusieurs tonnes de métal, comme par magie. Mais cette magie ne fonctionne qu'à grande vitesse. Par exemple : l'aile d'un Airbus A320 de 60 tonnes ne donne pas assez de portance pour soulever l'avion en dessous de 250 kilomètres/heure.

Pour voler sur place (vol stationnaire) ou très lentement, il faudrait une aile avançant assez vite pour générer de la portance, même si l'avion restait immobile. C'est exactement ce qui se produit avec un hélicoptère dont l'aile est, en fait, un rotor de plusieurs pales. Lorsque les pales tournent, elles produisent de la portance.

LES PROGRÈS DES HÉLICOPTÈRES

Le premier hélicoptère capable de voler en ligne droite et en virages fut inventé par le Français Étienne Oemichen en 1922. L'hélicoptère moderne fut mis au point en 1936 par un Américain né en Ukraine, Igor Sikorsky. Il possédait un rotor principal et un plus petit rotor de queue comme la plupart des hélicoptères d'aujourd'hui. L'hélicoptère a réalisé ses progrès les plus rapides à partir de 1955, après que les Français ont réussi à lui adapter les moteurs à turbine plus légers que les moteurs à pistons.

L'hélicoptère peut se poser presque partout, à la verticale. Il est très utile pour secourir des personnes ou pour soulever des charges à la manière d'une grue volante.

À gauche Un Boeing Vertol CH-47 « Chinook » dépose une charge sur une remorque. Le « Chinook » est l'un des plus gros hélicoptères du monde. Il peut emporter 44 soldats avec leur équipement.

À droite Les pales d'un rotor ont un profil bombé qui génère la portance, comme les ailes d'un avion. On pilote un hélicoptère en faisant varier l'angle d'incidence (appelé ici le pas) des pales du rotor, toutes ensemble ou les unes après les autres. Pour avancer, on incline l'hélicoptère de façon que le rotor souffle légèrement vers l'opposé de la direction dans laquelle on veut aller.

portance

rotor principal

rotor de queue

portance

écoulement

pale

Ci-dessous Un hélicoptère de transport de passagers approche d'une plate-forme de forage, en pleine mer. Un hélicoptère plus gros est déjà posé sur l'étroite aire d'atterrissage de la plate-forme, à gauche.

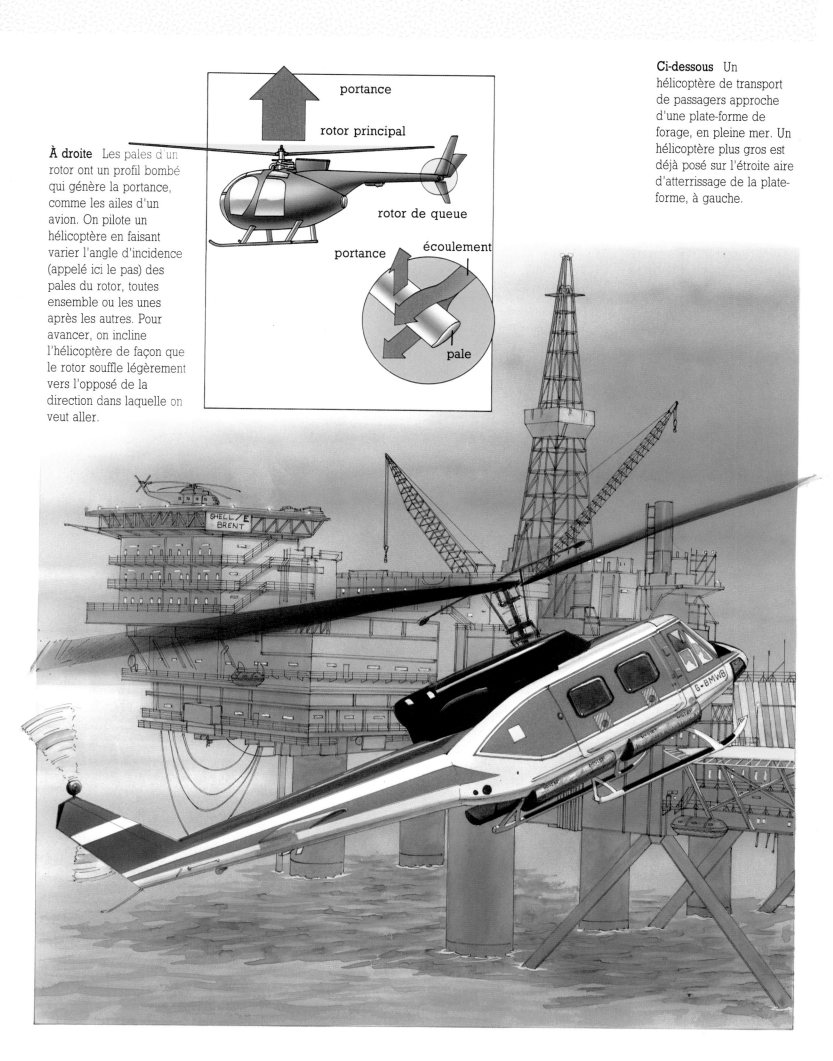

LE VOL VERTICAL

De nombreuses tentatives ont été faites pour concevoir les Avions à Décollage et Atterrissage Vertical (ADAV). Les hélicoptères décollent et se posent verticalement, mais ils sont assez lents. Pour des raisons d'aérodynamique très complexes, le rotor principal perd son efficacité au-delà de 350 kilomètres/heure.

Les premiers ADAV à réaction avaient des réacteurs différents pour voler verticalement et pour se déplacer horizontalement. Ils étaient très lourds et très coûteux. On essaya vainement des avions qui décollaient sur leur queue, comme des fusées. Après le décollage, ces avions devaient basculer à l'horizontale pour voler normalement.

Le seul ADAV qui ait été construit en série est le « Harrier » britannique. La

À gauche Un « Sea Harrier » de la marine britannique en vol stationnaire au-dessus du pont d'un navire porte-hélicoptères.

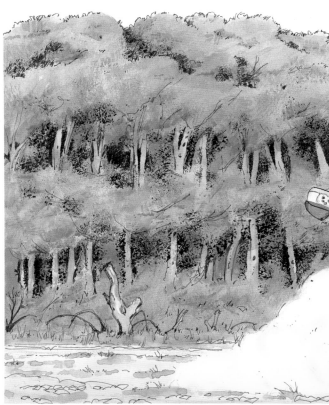

raison de son succès est un turboréacteur à tuyères orientables. Les gaz chauds produisant la poussée de son unique moteur sont éjectés par quatre tuyères mobiles. Quand elles sont orientées vers le bas, la poussée soulève l'avion vers le haut et peut le maintenir en vol stationnaire. Au fur et à mesure que les tuyères sont orientées vers l'arrière, l'avion est poussé vers l'avant, et progressivement, tandis que la vitesse augmente, les ailes produisent de la portance normalement.

Les tuyères orientables du « Harrier » lui procurent les capacités d'atterrissage et de décollage vertical des appareils à « voilures tournantes » (les hélicoptères), et la rapidité des appareils à « voilure fixe » (les avions). L'hélicoptère le plus rapide du monde a à peine dépassé 400 kilomètres pendant peu de temps. Le « Harrier » peut voler en croisière à 1 000 kilomètres/heure.

Ci-dessus Le Bell-Boeing V-22 « Osprey » est un « convertible ». Il est montré ici en position de vol stationnaire ou de vol vertical. Pour le vol horizontal, ses moteurs basculent vers l'avant et il vole comme un avion.

À gauche Un « Harrier » peut se poser comme un hélicoptère dans une clairière. Malheureusement, il consomme beaucoup plus de carburant qu'un avion normal.

LES AVIONS EXPÉRIMENTAUX

Il n'est pas possible de tout prévoir avec des ordinateurs ou dans des laboratoires, et, pour essayer en vol des matériaux, des équipements nouveaux ou mettre en pratique de nouvelles théories, il faut des avions expérimentaux qu'on appelle aussi démonstrateurs technologiques. Ils sont très importants et permettent aux scientifiques, aux ingénieurs et aux aviateurs de faire progresser leurs connaissances aéronautiques.

La NASA, l'agence aérospatiale américaine, a financé beaucoup d'avions de ce genre, comme par exemple le Bell XS-1, premier avion supersonique, ou le North American X-15 qui a volé à six fois la vitesse du son à très haute altitude.

Aux limites de l'espace (presque 100 kilomètres d'altitude) l'air n'est pas assez dense pour les gouvernes normales. Le X-15 était piloté au moyen de petits moteurs-fusées. D'autres avions sans ailes ont aussi servi à la mise au point de la navette spatiale américaine. Le premier Rafale français était un démonstrateur duquel a été dérivé un chasseur-bombardier.

LES AVIONS INVISIBLES

Certains avions de guerre sont construits avec des matériaux et dans des formes expérimentales. Ce fut le cas du Lockheed SR-71, l'avion le plus rapide du monde, ou du chasseur-bombardier Lockheed F-117A et du bombardier Northrop B-2 qui ont des formes très étranges destinées à les rendre plus difficilement détectables par les radars. On les appelle des « avions furtifs ». Aujourd'hui, la plupart des nouveaux avions de combat sont conçus pour être plus ou moins furtifs.

À droite Le Lockheed SR-71 « Blackbird » était un avion espion. Il entra en service en 1966 comme avion de reconnaissance stratégique à très haute altitude. Il volait à Mach 3. À cette vitesse, la friction de l'air sur le fuselage provoque une très forte augmentation de température. L'avion a donc été construit dans des métaux légers capables de résister à plusieurs centaines de degrés, pour pouvoir se dilater sans se déformer.

À gauche Le projet étudié par Boeing d'un futur avion de transport supersonique. L'Europe travaille également sur un appareil de ce genre. Plus gros et plus rapide que Concorde, il devra être aussi moins polluant et moins bruyant. Des moteurs d'un genre nouveau devront être mis au point pour le faire voler.

HORS DE L'ATMOSPHÈRE

Un véhicule destiné à transporter des satellites ou des spationautes ne peut utiliser les gouvernes aérodynamiques ni les moteurs d'un avion normal, car dans l'espace il n'y a pas d'air. Les ailes, les hélices ou les gouvernes ne servent à rien, et, faute d'oxygène, le carburant ne peut être brûlé. Un véhicule spatial doit donc emporter son oxygène liquéfié dans de gros réservoirs, et doit être piloté au moyen de microfusées.

À droite Tout lancement d'engin spatial respecte les mêmes étapes. Les accélérateurs qui ont aidé au décollage sont largués dans l'atmosphère avant la séparation du 1er étage (1). La coiffe de protection de la charge est éjectée (2). Le deuxième étage est détaché (3). Les charges sont éjectées (4 et 5), puis le dernier étage s'en éloigne, pour éviter une collision.

LE PILOTAGE DES FUSÉES

Pendant la Deuxième Guerre mondiale, les ingénieurs allemands proposèrent deux moyens pour piloter une fusée. Le premier consistait à agir sur des volets placés en arrière de la tuyère pour dévier les gaz chauds et orienter la fusée dans la direction voulue. Le second était d'orienter la tuyère elle-même. C'est ce dernier qui fut finalement adopté.

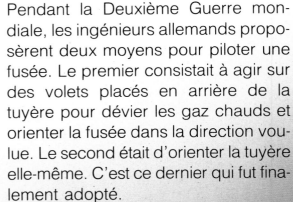

séparation du second satellite

Après son largage, le satellite est mis sur son orbite par un « moteur d'apogée », et orienté par des microfusées.

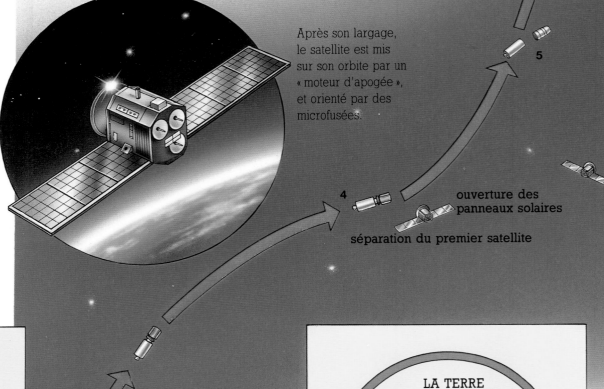

ouverture des panneaux solaires

séparation du premier satellite

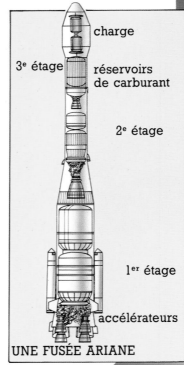

charge

3e étage — réservoirs de carburant

2e étage

1er étage

accélérateurs

UNE FUSÉE ARIANE

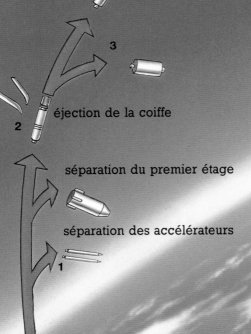

éjection de la coiffe

séparation du premier étage

séparation des accélérateurs

LA TERRE

satellite sur orbite

Les satellites de télécommunications sont souvent placés sur des orbites « géostationnaires » à 36 000 kilomètres au-dessus de l'équateur. Ils paraissent immobiles au-dessus d'un point de la terre.

Les étages de fusée devenus inutiles retombent normalement en mer, sont brûlés lors de leur entrée dans l'atmosphère, ou sont éjectés loin dans l'espace, sans danger pour les vaisseaux spatiaux ou les satellites.

Toutefois, des milliers d'objets abandonnés — débris des premières fusées, vieux satellites — flottent dans l'espace en retombant très lentement vers la terre. Ils présentent un réel danger pour les satellites ou les stations en orbite.

Ci-dessus Une fusée américaine Delta II tirée sur une base de l'US Air Force, à cap Canaveral. Elle va lancer autour de la terre un satellite.

PILOTER UN VAISSEAU SPATIAL

Lorsqu'un satellite ou un vaisseau est parvenu dans l'espace, il faut un moyen pour contrôler ses mouvements et pour le piloter. On emploie des microfusées appelées *fusées d'orientation*, qui poussent ou font tourner l'appareil sur lui-même, par l'une de ses extrémités. Il s'agit d'éjecter du gaz sous pression vers l'extérieur par de petits trous. Dans l'atmosphère, on pilote un avion par rapport à une référence fixe qui est l'horizon. Dans l'espace, il n'y a pas d'horizon. On peut utiliser les étoiles pour le remplacer, mais elles ne sont pas toujours visibles. Il faut donc des ordinateurs pour calculer une référence fixe artificielle.

LES AVIONS SPATIAUX

Depuis 1957, des milliers de satellites et quelques hommes ont été lancés dans l'espace par des fusées qui ne sont pas réutilisables. Lorsque chaque étage de la fusée a brûlé son carburant, il est abandonné. Or un étage comprend des réservoirs ainsi qu'un moteur et sa durée de vie n'est souvent que de quelques minutes. Cette méthode peut être considérée comme un coûteux gâchis. Dès les années 1960, plusieurs projets d'avions spatiaux réutilisables furent étudiés, mais ils étaient trop chers.

DU CIEL À L'ESPACE

Au milieu des années 1960, aux États-Unis, la NASA a expérimenté un avion-fusée appelé X-15 pour explorer les limites de l'atmosphère et de l'espace. Après lui, plusieurs avions sans ailes furent essayés pour mettre au point la procédure d'atterrissage d'un futur planeur spatial réutilisable : la navette spatiale qui fut lancée en 1981. En fait, la navette américaine n'est pas tout à fait réutilisable. Son réservoir extérieur est abandonné lorsqu'il est vidé. D'autres planeurs spatiaux en projet ne sont pas mieux réutilisables. Les projets du véhicule « Hermès » de l'Agence Spatiale Européenne et de la navette HOPE japonaise ont été prévus pour être lancés par des fusées à usage unique.

L'AVION SPATIAL

Des véhicules totalement réutilisables sont à l'étude tels que le Sänger allemand, ou le NASP américain et le HOTOL britannique (tous deux avions spatiaux à décollage normal). Ces avions pourront aller dans l'espace et en revenir grâce à des moteurs nouveaux, ou largueront à très haute altitude et grande vitesse un engin spatial réutilisable plus petit.

À droite La navette spatiale américaine au lancement. Les deux accélérateurs blancs sont allumés, et accrochés de part et d'autre de son immense réservoir d'oxygène et d'hydrogène liquides.

Ci-dessous La navette spatiale en orbite. Les portes de sa soute de 18 mètres de long sont ouvertes pour larguer des satellites. Son bras télescopique permet aussi de capturer d'autres satellites qui se trouvent déjà en orbite pour les rapporter sur terre et les réparer.

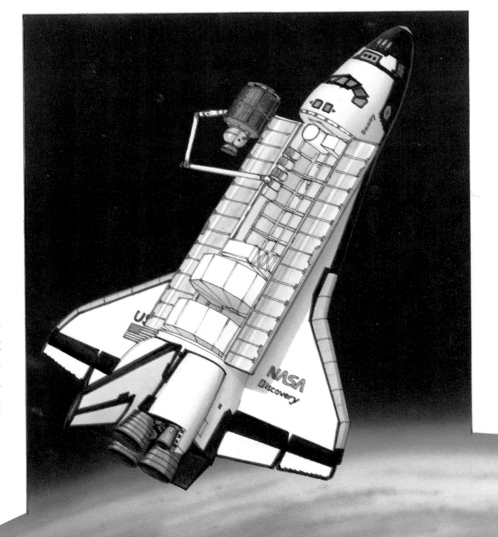

Ci-contre Le projet allemand Sänger comporte un avion supersonique qui décollerait d'un aéroport européen pour monter jusqu'à 31 kilomètres d'altitude. Là, il larguerait un avion spatial plus petit qui accélèrerait pour se placer tout seul en orbite. L'avion supersonique et son avion spatial reviendraient se poser normalement.

BALLONS ET DIRIGEABLES

Ces dernières années ont connu un regain d'intérêt pour « les plus légers que l'air » : les ballons dits « à gaz » parce qu'ils sont gonflés avec de l'hydrogène ou de l'hélium, les montgolfières ou « ballons à air chaud », et les ballons dirigeables gonflés à l'hélium ou à l'air chaud. Leurs enveloppes ne sont plus en tissu enduit, mais en matériaux synthétiques.

LES DIRIGEABLES MODERNES

Des dirigeables ont été utilisés par les marins jusque dans les années 1960 pour des patrouilles de surveillance. De nombreux projets de dirigeables utilisés comme grues volantes — dont l'exploitation serait bien moins coûteuse que celle des hélicoptères — ont été étudiés mais n'ont jamais abouti parce que le dirigeable reste toujours trop sensible au vent.

De nos jours, il en existe très peu. Ils volent surtout pour faire de la publicité. Certains sont des ballons à air chaud muni d'un petit moteur, et sont utilisés par des sportifs ou par des scientifiques. L'un d'entre eux a récemment servi à explorer la forêt amazonienne.

À droite Le gonflage d'un ballon à air chaud est une opération longue. De l'air froid est d'abord soufflé dans l'enveloppe pour la gonfler un peu. Cet air est ensuite réchauffé avec les brûleurs. Les flammes sont orientées vers le fond du ballon qui est encore couché sur le sol. Peu à peu l'enveloppe se soulève en se gonflant de plus en plus et le ballon se redresse, prêt à s'envoler.

Ci-dessus Les courses de montgolfières sont fréquentes. La difficulté pour l'équipage consiste à monter ou à descendre pour trouver la rafale de vent qui souffle dans la direction du but à atteindre. Tous les ballons sont immatriculés comme les avions et les hélicoptères.

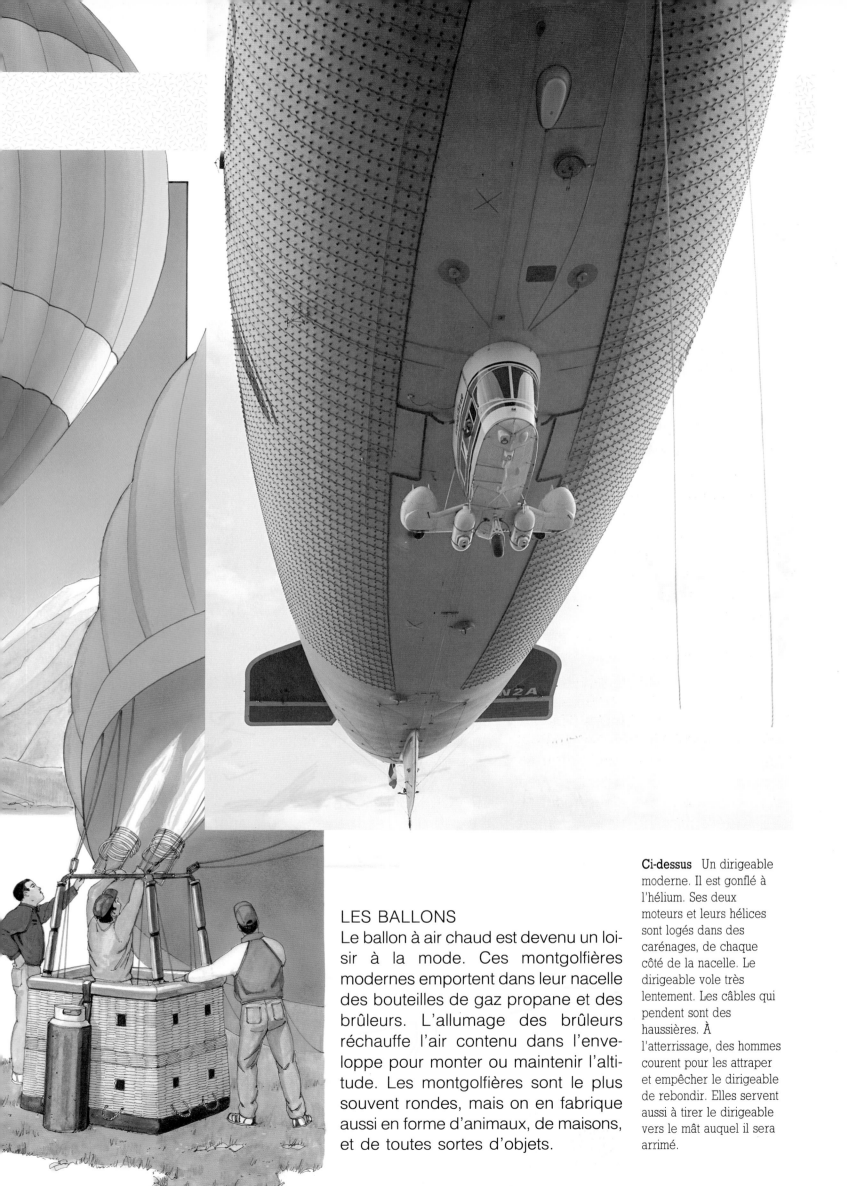

LES BALLONS

Le ballon à air chaud est devenu un loisir à la mode. Ces montgolfières modernes emportent dans leur nacelle des bouteilles de gaz propane et des brûleurs. L'allumage des brûleurs réchauffe l'air contenu dans l'enveloppe pour monter ou maintenir l'altitude. Les montgolfières sont le plus souvent rondes, mais on en fabrique aussi en forme d'animaux, de maisons, et de toutes sortes d'objets.

Ci-dessus Un dirigeable moderne. Il est gonflé à l'hélium. Ses deux moteurs et leurs hélices sont logés dans des carénages, de chaque côté de la nacelle. Le dirigeable vole très lentement. Les câbles qui pendent sont des haussières. À l'atterrissage, des hommes courent pour les attraper et empêcher le dirigeable de rebondir. Elles servent aussi à tirer le dirigeable vers le mât auquel il sera arrimé.

PLANEURS ET VOL LIBRE

À gauche Quand le pilote est installé sous son aile, on dit qu'il s'agit d'un « planeur pendulaire ». Le vent tend la voilure et lui donne son profil bombé qui crée une portance. Le pilote contrôle son aile par des mouvements du corps au-dessus de la barre qu'il tient dans les mains.

Les planeurs sont parmi les plus gracieux aéronefs (nom donné à toutes les machines volantes). Par les journées ensoleillées, on peut souvent les voir tournant silencieusement, le soleil se réfléchissant sur leur verrière ou leurs longues ailes. Parce qu'il n'a pas de moteur, le planeur doit d'abord être lancé dans le ciel par un treuil ou remorqué par un avion. En l'air, le pilote de planeur cherche les « ascendances » que les oiseaux trouvent d'instinct. Ce sont des masses d'air chaud qui montent dans l'air froid (ascendances thermiques) ou des courants soulevés par le vent contre les reliefs (ascendances dynamiques). Le planeur décrit des cercles qu'on appelle « spirales » à l'intérieur des ascendances, et monte avec elles. Hors des ascendances, il ne cesse de descendre très lentement. En utilisant le vent, le soleil, le sol et les nuages, le pilote apprend à reconnaître les ascendances.

LE VOL LIBRE

Il existe d'autres manières de planer. Dans les années 1950, un Américain, le professeur Francis Rogallo étudiait une aile souple gonflable afin de remplacer les groupes de parachutes destinés aux charges lourdes. Elle devait permettre d'effectuer des descentes mieux contrôlées avec un atterrissage de précision. Cette « aile Rogallo » triangulaire ne fut jamais utilisée comme prévu. Elle est devenue une sorte de petit planeur de loisir. Elle n'est plus gonflable, mais elle reste démontable. Elle comporte une structure en tubes de métal, et une voilure en matériau synthétique.

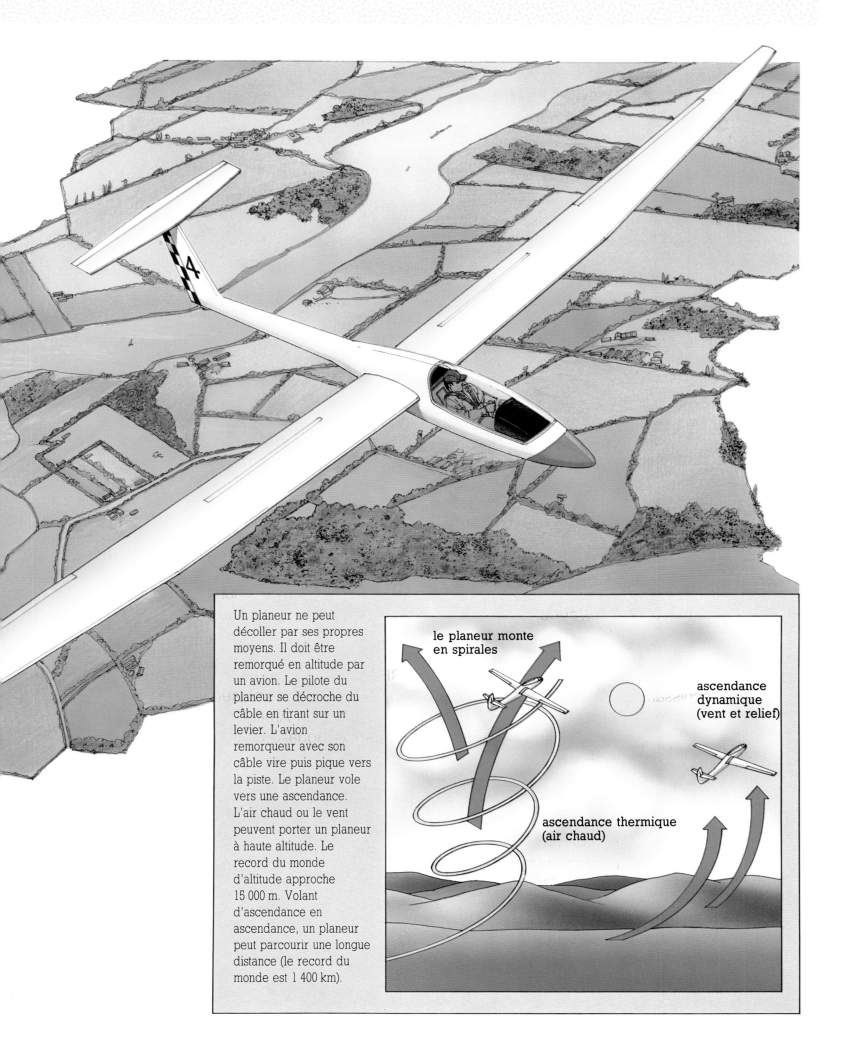

Un planeur ne peut décoller par ses propres moyens. Il doit être remorqué en altitude par un avion. Le pilote du planeur se décroche du câble en tirant sur un levier. L'avion remorqueur avec son câble vire puis pique vers la piste. Le planeur vole vers une ascendance. L'air chaud ou le vent peuvent porter un planeur à haute altitude. Le record du monde d'altitude approche 15 000 m. Volant d'ascendance en ascendance, un planeur peut parcourir une longue distance (le record du monde est 1 400 km).

le planeur monte en spirales

ascendance dynamique (vent et relief)

ascendance thermique (air chaud)

PARACHUTE ET VOL RELATIF

Le parachute n'est pas une machine volante. Il ne peut rester en vol par ses propres moyens. Il ne fait que descendre lentement, presque à la verticale. S'il a sauvé bien des aviateurs, il est aussi devenu un sport aérien.

Le premier saut fut réalisé par le Français Louis-Sébastien Lenormand en 1783, l'année du premier vol des ballons. Lenormand sauta du sommet d'une tour à Montpellier, dans le sud de la France. En 1797, un autre Français, Jacques-André Garnerin fut le premier à sauter depuis un aéronef (un ballon). Le Français Adolphe Pégoud fut le premier à sauter depuis un avion en 1913.

Le parachute fut adopté avec réticence par les aviateurs à partir de 1917. Pendant la Deuxième Guerre mondiale, on commença d'employer le parachute pour déposer rapidement des troupes et du matériel sur le lieu des combats. À partir de 1945, il servit à larguer du matériel, des vivres ou des médicaments à des populations sinistrées et isolées.

VOL RELATIF ET PARAPENTE

Le parachutisme sportif s'est développé avec les sauts de précision et la chute libre. La voltige consiste à effectuer des figures individuelles pendant la chute libre. Le « vol relatif » rassemble plusieurs parachutistes qui se regroupent pendant leur chute libre.

Les nouveaux parachutes rectangulaires ont donné naissance à un nouveau sport à mi-chemin entre le parachutisme et le vol à voile : le « parapente ». Il s'agit de s'élancer du haut d'un relief avec de très grands parachutes gonflés par le vent, puis de rester le plus longtemps possible en vol grâce aux ascendances.

Ci-dessous Un saut groupé de parachutistes militaires. Lorsque chaque soldat saute hors de l'avion, une forte sangle attachée à l'avion ouvre le sac qui contient le parachute dans le dos du pilote, afin que ce parachute se déploie automatiquement.
La première grande opération de parachutage militaire eut lieu la veille du débarquement en Normandie, en 1944.

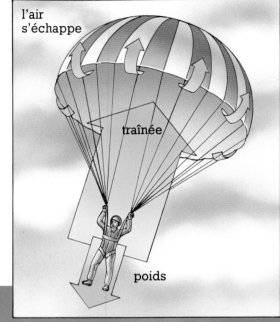

l'air s'échappe

traînée

poids

Ci-dessus Des parachutistes en chute libre se rapprochent pour former une figure. Ils s'éloigneront ensuite pour ouvrir leur parachute. Celui-ci comporte une voilure qui oppose une forte résistance à l'écoulement de l'air. C'est le poids du parachutiste qui le tire vers le bas à grande vitesse. Cette vitesse permet à la voilure de se gonfler d'air, ce qui freine la chute. Des fentes et des ouvertures spéciales dans le parachute permettent au parachutiste d'utiliser l'air qui s'échappe de la voilure pour se stabiliser.

À droite Le vol relatif peut être effectué voilure ouverte. Les parachutistes se rapprochent, s'accrochent les uns aux autres par les pieds pour former une figure, puis se séparent peu avant de se poser. Ces évolutions sont devenues possibles grâce à de nouvelles voilures rectangulaires. Celles-ci sont formées de sortes de tubes en tissu dans lesquels l'air s'engouffre.

AU-DELÀ DES LIMITES

Les aviateurs et les ingénieurs cherchent sans cesse à repousser les limites de la technologie. Des matériaux nouveaux leur ont permis de construire des avions si légers que le vol musculaire est devenu possible.

La réussite du *Gossamer Albatros* à pédales, dans les années 1970, a marqué le développement de ce genre d'appareil. Le 22 avril 1988, un avion à pédales propulsé par un champion cycliste grec a volé 119 kilomètres entre la Crète et l'île de Santorin, en Méditerranée. Huit ans plus tard, le *Solar Chalenger* fut le premier avion à énergie solaire. Des cellules photoélectriques (panneaux solaires) collées sur ses ailes convertissaient la lumière en électricité pour faire tourner un moteur et son hélice.

Les ULM, ou ultra-légers motorisés, sont les plus légers des aéronefs plus lourds que l'air. Ils ont une structure très légère formée souvent avec quelques tubes métalliques, de la toile tendue pour les ailes et l'empennage, un petit moteur et une hélice. Quelques-uns sont des « pendulaires », c'est-à-dire faits d'une aile Rogallo munie d'un moteur et d'un siège. D'autres, construits en plastique, ressemblent à de véritables avions. Des pilotes de parapente ont même inventé un système pour s'accrocher dans le dos un petit moteur avec une hélice protégée par des grillages.

LA VOLTIGE

Les pilotes de voltige de compétition s'efforcent toujours d'accomplir de nouvelles prouesses en matière de pilotage. Pour eux, de nouveaux avions ont été inventés avec des commandes extrêmement sensibles et surpuissantes. Ils sont capables de réaliser dans le ciel des figures qui défient l'imagination.

Ci-dessus Un ULM prêt à décoller. Les ailes de l'appareil sont haubanées avec des câbles, comme celles des premiers aéroplanes. La structure, est très légère et fragile. La machine n'est pas très aérodynamique, mais cela importe peu car elle vole lentement.

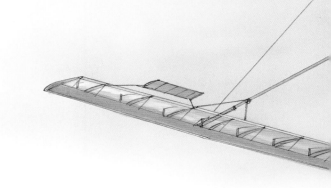

À droite La mise au point de matériaux solides et très légers a permis d'exaucer le vieux rêve du vol musculaire. Le 12 juin 1979, un avion appelé *Gossamer Albatros* parcourut les 36 kilomètres de la traversée de la Manche. Il ne pesait que quelques dizaines de kilos, et avait une hélice actionnée au moyen de pédales par son pilote, Bryan Allen.

74

À droite Le premier vol sans escale autour du monde a été réalisé en 1986 par Dick Rutan et Jeanna Yeager avec un avion spécialement conçu, le Rutan « Voyager ». Véritable réservoir volant construit en matériaux composites très légers (principalement de la fibre de carbone et de la résine), il parcourut 40 212 km en neuf jours sans arrêt.

INDEX

REMERCIEMENTS

La majorité des illustrations a été réalisée par Mark Bergin et les schémas par le Hayward Art Group.

Photographies :

Pages 5, 10 Zefa. 12 Natural History Photographic Agency/James Carmichael. 13, 15 Zefa. 16 Le Clos-Lucé, Amboise/Hayward Art Gallery. (Cette maquette appartient au château du Clos-Lucé, à Amboise, où le public peut admirer des œuvres de Léonard de Vinci). 19 Zefa. 20 TRH/The Science Museum, Londres. 21 Mary Evans Photo Library. 22 Zefa. 26-27, 29, 30, 31, 32, 33 TRH Pictures. 34 Zefa. 35 TRH. 36 Zefa. 37 TRH Pictures/E Nevill. 39 TRH Pictures/NASA. 40 en haut TRH Pictures/Airbus Industrie.41 en bas Ian Graham. 43 TRH Pictures/McDonnell Douglas. 44-45 TRH Pictures/Mark Wagner. 46-47, 48 Zefa. 49 TRH Pictures. 50 TRH Pictures/E Nevill. 51 TRH Pictures/Airbus Industrie. 53 en haut TRH Pictures/USAF. 53 en bas TRH Pictures/Thomson-CSF. 54 TRH Pictures/USAF. 55 TRH Pictures/Airbus Industrie. 56-57 en haut TRH Pictures. 56 en bas TRH Pictures. 57 en bas TRH Pictures/NASA. 58 TRH Pictures/E Nevill. 60 TRH Pictures/E Nevill. 60-61 Ian Graham. 62-63 en haut TRH Pictures. 62-63 en bas Zefa. 65 TRH Pictures/DOD USAF. 66 Zefa. 67 Ian Graham/Deutsche Aerospace. 68, 69, 70 Zefa. 72 TRH Pictures/E Nevill. 73, 74 Zefa. 75 SIPA-Press, Rex Features.